SPECTACLES

VALÉRIE LEMERCIER

SPECTACLES

BERNARD GRASSET
PARIS

Couverture : dessin de Valérie Lemercier

ISBN 978-2-246-85975-8

A Hélène de B., Valérie B., Bertrand B., Brigitte B.
sans qui beaucoup de ces personnages
me seraient restés dans la tête,

à Christophe B. sans qui ils ne seraient
restés pour personne.

et à B.

SPECTACLE N°1

Valérie Lemercier au Splendid

Septembre 1989 – Juin 1990

Repris au théâtre du Palais-Royal
Septembre – Décembre 1990
Puis en tournée

RMI

Mesdames messieurs,
tout d'abord excusez-moi de ma tenue mais je n'ai pas de domicile pour pouvoir me changer.

Je m'appelle Jean-Claude.
J'ai trente-cinq ans et je sors de milieu carcéral depuis le neuf quatre, quatre-vingt-huit.
Actuellement sans emploi
Je ne bénéficie d'aucune indemnité ni RMI que ce soit.

De plus je suis père d'un petit garçon de trois ans
Qui dort avec moi dehors.

Je ne veux pas que mon fils me voie voler
Mais comme je ne sais ni chanter
ni jouer d'un in... strument
Je demande simplement à ceux d'entre vous qui en ont les moyens

La générosité d'une pièce de monnaie
Afin de pouvoir conserver un minimum d'hygiène

J'accepte également les Ticket-Restaurant ainsi que les timbres pour répondre aux candidatures.

Stéphanie

Catherine, Catheri neu !
Y a plus d'papier !
Non y en a plus.
J'aime pas trop parce qu'après c'est tout collé et puis ça va moisir.

Qu'est-ce que tu fais ?
Tu lis ?
Ah ben c'est bien !

Oui oui j'y vais.
Euh j'peux mettre un p'tit peu d'bain moussant, maman veut bien.
... Oui oui j'suis sûre.

Eh Catherine ! Tu jettes pas l'rouleau d'papier vide hein !
Ben parce que j'le garde.
... Ben pour faire des ronds d'serviette.

J'le coupe en deux comme ça et puis j'les peins, j'en ai déjà fait plein !
Et puis comme ça mes parents ils sont contents d'voir que j'fais pas d'gaspillage !!!!

Ben non il faut pas, parce que tu sais dans l'monde y a des p'tits enfants qui sont très pauvres et très maigres... ben en Afrique.
Tu sais ils ont pas beaucoup d'jouets et ils font jamais d'comédie, même si ils sont malheureux.

Eh ben tu sais moi quand j's'rai grande et ben je m'occuperai de tous ces enfants !!!
... Ben j'leur apporterai du blé, de la farine, des endives, pi des fois quand ils seront très gentils bè j'leur donnerai un p'tit carré d'chocolat !

Parce que tu sais les p'tits noirs, on croit qu'ils sont gros parce qu'ils ont un gros ventre mais c'est parce que justement ils sont maigres.

Ben oui parce que comme ils ont très faim, eh ben ils avalent de l'air comme ça, alors ils font *(elle aspire trois fois)* et ça fait un gros ventre. Ben oui !

Ouh, j'ai plus tellement envie d'aller prendre mon bain !!
J'ai un p'tit peu froid ! fuh fuh fuh
Elle fait un grand saut sur le sol pieds joints.

Catherine, regarde c'que j'fais!
Tu m'regardes hein?

Mais euh tu m'regardes pas!
Elle refait le même saut.
C'est bien hein?
Stéphanie elle va que jusqu'au tapis...
C'est normal elle est trop petite.
...T'entends... c'est Stéphanie qui pleure.

Elle s'approche du rideau.

Stéphanie!!!
Stéphanie!!!
Arrête de pleurer t'es pas malheureuse!
Cette sœur c'est vraiment un bébé hein.
Tu sais si tu veux tu peux aller lui donner une claque maman elle t'a dit qu't'avais l'droit.
... Oui oui, à moi aussi mais moi j'fais pas d'comédie c'est pas pareil!!
Catherine, Catherine, eh ben tu sais mon papa il est allé aux Etats-Unis.
Et tu sais c'qui m'a ram'né?

Il m'a ram'né un p'tit sucre de l'avion et Stéphanie elle a eu une petite moutarde!!!

J'le mets dans mon p'tit tiroir et puis des fois j'le r'garde un peu.

Comme ça si j'suis perdue dans une forêt ben... j'pourrai toujours le manger.
Bah oui !
J'ai aussi encore deux bonbons que mademoiselle Fromentin m'a donnés !
J'ai pas tout mangé l'même jour !
Non, j'en mange un p'tit, après j'arrête, après j'en mange encore un p'tit...
Après j'en donne un p'tit peu à tout l'monde ha ha ha ha !!!

Catherine, eh ben tu sais dans ma classe j'ai une copine, enfin c'est pas tellement une copine, elle s'appelle Noémie et elle met du vernis.
C'est pas bien hein ?
Ben non déjà c'est pas très bien pour les mamans alors euh pour les enfants...
En plus elle veut tout l'temps commander, elle parle comme ça, euh : « Dépêche-toi d'me prêter tes feutres ! »
J'aime pas trop hein !
Elle fait tout l'temps sa crâneuse parce que son père il est dans un Mickey à Mirapolis.
En plus elle sait même pas dire Maurice Carême, elle dit « Maurice Caréme »,
mais c'est pas Maurice Caréme Maurice Carè meu !
... Ben c'est des poèmes qu'on apprend.

... Bon, si tu veux !... *Elle se prépare.*

Une fourmi de dix-huit mètres avec un chapeau sur la tête, ça n'existe pas, ça n'existe pas.
Une fourmi de dix-huit mètres parlant chinois et javanais ça n'existe pas, ça n'existe pas et pourquoiparoberdesnos !!! hi hi hi !!!!

Eh, on a aussi appris la cane de Jeanne, tu veux qu'j'te la chante ?
C'est La caneu deu Jeanneu, est morte au gui l'an neuf, elle avait fait merveille, un œuf, tout neuf dan dang dan dang pi après ça continue encore comme ça, je sais plus...

... Oui oui j'y vais. Attends, attends, attends, j'te raconte juste une petite histoire drôle, après j'y vais... Bon d'accord euh euh hi !!!

C'est euh Toto qui s'en va chercher... j'me trompe déjà, j'recommence.
C'est euh Toto, sa mère lui dit « Est c'que tu veux bien acheter de la moutarde ? »
Et il dit oui...
Bon, il y va, et euh il perd sa pièce...
Ben oui sa pièce de dix francs que sa mère lui avait donnée avant.
Alors euh il prend un pot, il le met sous l'cul, enfin, disons plutôt sous les fesses de la vache, la vache elle fait caca dans l'pot, il ramène à sa mère et sa mère elle croit qu'c'est d'la moutarde !!!!!!!! *Elle est pliée.*

J'en ai une autre !!!
C'est euh Toto, sa mère lui dit « Est-c'que tu veux bien acheter de l'huile ? »
Et il dit oui.
Alors il prend une bouteille, il la met sous l'cul enfin disons plutôt sous les fesses de la vache, là elle fait pipi dans la bouteille, il la ramène à sa mère et sa mère elle croit qu'c'est d'l'huile !!!!!!!! *Elle est pliée, encore plus.*

C'est pas du luxe, hein ?
C'est des p'tites histoires un p'tit peu s...

Oui oui d'accord.

Tout bas. Catherine, Catherine !
... oui oui oui, mais qu'est-c'qu'elle a dit qu'on mangeait maman ce soir ?
Hein ?
Elle se met à pleurer.
Oh non !!
Mais euh, y en a tout l'temps...
... Mais j'fais pas d'comédie, j'aime pas les endives.
Eh ben de toute façon j'm'en fous, parce que j'irai les cracher dans la poub...

Elle se prend une claque.

Mais ça va pas non !!! Mais tu m'as fait mal !!!
Elle pleure et n'arrive plus à parler.

Eh ben eh ben, eh ben de toute façon si tu viens nous garder c'est pour que maman te donne cent francs, c'est pas pour nous donner des claques.
Elle sort en pleurant.
Stéphanie, on est malheureuses...

La Renardière

Elle traverse le plateau avec un énorme saladier sous le bras.

Génial !
Hyper réussi !
On a eu un temps extra !
Caro et Arnaud étaient superbes !
Papa avait fait installer des grandes tentes dans l'parc à côté des Saules, c'était génial !
Ah mais c'est vrai qu'tu connais pas la Renardière !
C'est génial, ça fait des centaines d'années qu'on est là-bas, on est ravis.
Tu sais que dès qu'on a trente secondes on est fourrés là-bas, on fait des grandes tablées, on est jamais moins d'trente, on est morts de rire !!!!
... Ah ben non, tout l'monde met la main à la pâte, et puis tu sais on s'emmerde pas, on fait des grandes salades, des grillades, c'est génial !

Là on est restés quinze jours pour tout préparer, on a pas chômé hein.
... 480 ! Bah tu sais entre les parents, les cousins, les copains des parents, tout l'monde était là hein...
On a même eu Diane et Xavier qui sont rentrés spécialement du Gabon.
Ah non c'était génial, en plus on a r'trouvé des tas d'cousins du côté d'maman, qu'on a pas vus depuis des années et qu'ont des bites énormes.
... Maman ?
Ben elle était ravie, tu parles, des bites, génial !!!

La pause

Elle installe un petit pliant devant une chaise.

Ah ben j'vais m'mettre là moi !
J'mets mes jambes hein.
Allez-y mettez vos jambes.
Enlevez vos chaussures, oh ben ça m'dérange pas moi.
Moi j'peux pas après j'ai mon œil de perdrix qui m'fait mal.
... Oui, ah oui d'habitude, j'viens plutôt à quatre heures oui.
Ah ben là j'avais ma p'tite collègue qu'était pas rentrée d'sa visite médicale, oh ben j'ai dit ça fait rien, j'vais prendre mon « Quart d'heure » à quatre heures et d'mie.
Ça change...
Y a du monde au magasin hein !
C'matin moins... marrant hein ?
Elle fouille dans ses poches.
Ah ben j'ai pas pris mon œuf moi...

Oh j'vais pas être bien dans l'train.
Ah oui !!! Ah oui, on est toujours à Juvisy !
Ah ben on est bien, pi bon, on est chez nous, on est dans nos murs alors euh…
En plus on a ma fille, là-bas.
Ma Véronique !
Oh c'est elle hein.
C'est elle qui voudrait pas déménager hein.
A vient m'voir tous les jours, pi quand a peut pas elle m'appelle.
A m'dit « Moman, viens m'voir cinq minutes » pi j'y vais…

Ah oui ça y a rien à faire, c'est MOMAN hein, marrant hein ?
Ah ben forcément elle est toute seule avec sa fille hein, pas pareil hein…
Oui ma p'tite fille, ma p'tite Séverine !
Oh j'dis la p'tite moi, elle va sur ses douze ans là.
Ouais, elle est du dix-sept, elle va les avoir là jeudi en huit…
A l'est mignonne, a l'embête toujours son pèpere qui lui paye un truc qu'a l'a envie.
L'aut'jour a l'embêtait, j'sais plus c'qu'a voulait, un bandanas, une bricole…
Ils sont allés à Rond-Point samedi, a l'est revenue avec, a l'était contente la gamine !!!
Phénomène hein !
A l'est mignonne m'enfin faudrait quand même qu'a travaille un peu à l'école…

Avec l'Europe hein...
Enfin, c'est la chérie à son pèpère...
C'est SA p'tite fille...
Ah ben forcément il en a qu'une.
Pi a l'a pas son père, pas pareil hein ?
On l'a des fois à coucher.
Mm ! Le samedi, quand ma fille a sort, a nous la laisse.
Non, oh non, a sort pas beaucoup.
A l'a une bonne copine à son travail, a vont à l'Hippopotamus toutes les deux !!!
Ah ben, une fois elles ont vu Jean Richard là-bas hein...
Un samedi, a m'avait laissé la p'tite, a sont arrivées, y avait Jean Richard juste à la table à côté. *(Elle fait le geste)* A ça... même pas.
... Très bien !
Pas du tout...
Non mais c'est vrai du fait qu'il est connu, il pourrait...
Il a pris la formule, comme tout l'monde.
Pi il aime bien les frites hein !
Du coup ma fille a lui a d'mandé un mot pour la p'tite.
Il a d'mandé pour qui, a l'a dit « pour Séverine », il a marqué « Pour Séverine, amitié », gentil hein ?
Pi il a signé Jean Richard...
A l'était contente ma Véronique hein !
Ça, l'dimanche matin, quand elle est v'nue m'porter son linge pi récupérer sa fille...
Ah oui, ah ben oui j'y fais son linge à ma fille.
A m'le met dimanche matin comme ça c'est bien.
J'ai ma journée !

J'fais mes lainages à la main l'matin pi comme ça après manger j'fais mes machines.
Ah j'arrive bien à en remplir trois quatre hein…
Bon ben pas trop tassées hein sinon j'peux pas tout ravoir.
En général j'en fais une à quarante pi deux à quatre-vingt-dix.
Ah oui, ah oui, moi tout c'qu'est culotte j'fais bouillir hein…
Sinon les vestes à mon mari tout ça, j'les mets à nettoyer.
Oh, faut pas qu'j'oublie d'aller chercher sa bleue ce soir moi tiens…
Oh pi j'sais pas c'que j'vais lui faire à manger…
Hein ?
… Ah non, il le mangerait pas hein…
Il est difficile ! Il mange rien.
L'fromage de tête il aime pas, l'foie d'génisse il aime pas il aime rien…
L'aut'jour j'lui ai fait un beau plat d'quenelles, il y a pas touché hein…
Ah non ! Il a fallu que j'mange tout, j'étais pas bien après…
Alors bon ben c'que j'fais en général, j'lui prends une belle tranche de filet pi moi j'me prends un bout d'rognon j'aime bien moi.
Ah ben j'vais faire ça tiens, ça pi des frites hein…
Oh pi… faut pas qu'j'oublie d'manger mes pruneaux moi tiens…
Pff y'a rien à faire…
Ça devant ça va, j'y vais tous les cinq minutes mais derrière… j'suis bouchée mon vieux…

Pi là moi au magasin, j'arrive à rien, marrant hein ?
C'qu'y a bon ben y a pas d'secret, il faut que j'soye toute seule...
Ah oui chez moi c'est pareil hein.
Bon ben ch'suis d'sus, pi j'sais qu'y a mon mari ou même ma fille à côté...
J'me r'lève sans rien. Marrant hein ?
Ma mère était pareille !
Vous y avez donné vous pour le départ à la r'traite à madame Bétadzi ?
On lui a fait samedi !
... Oh ben c'est Nicole, elle la connaît bien...
Elle lui a pris six beaux mazagrans pi une belle poubelle de table, a l'était contente.
A l'avait apporté une bouteille de Clairette de Die, j'raconte ça à mon mari il m'dit « Ah ben ça va toi, tu t'embêtes pas... »
Non, ça va qu'il rigole...
Mon mari ? Il rigole tout l'temps. Un vrai gosse...
J'suis tout l'temps derrière hein...
Bon ben il prend sa douche... il penserait pas à nettoyer son bac après hein...
Ses canettes sur ma table en verre, tout pareil hein...
Bon bah il va aux toilettes, il s'essuie jamais bien à fond hein.
Heureusement que j'fais bouillir sinon j'pourrais pas tout ravoir...
Ça il aime bien rigoler hein...
Pi en même temps ben r'gardez l'année dernière quand on a perdu Sultan, bè il a pleuré, marrant hein ?

Pi il aime bien s'déguiser hein.
Il en a deux barils pleins à la maison.
... Enfin, tant qu'c'est pas moi qu'il veut déguiser, ça va...
L'aut'jour il arrive, il m'fait « Tiens j't'ai ram'né une bricole ».
J'ouvre le plastique, il m'avait acheté des sous-vêtements cochons.
J'croyais qu'c'était pour rigoler moi, on était à table, j'avais même pas fini d'éplucher mon orange, il m'fait « Allez hop, va essayer ton cadeau... »
J'suis allée m'installer son bazar, la tête là-d'dans, j'rigolais toute seule dans ma salle de bains.
J'arrive pour lui montrer, il voulait que j'mette des bottes, oh ben j'lui fais, ben j'ai pas moi des bottes, c'est vrai j'ai pas d'bottes...
Il est allé à la cave, il m'a r'monté une vieille paire de bottes... les vieilles marron avec la fermeture éclair, gros talons...
Il a fallu que j'les enfile hein.
Il m'a fait... galoper dans toute la maison à quatre pattes avec ça...
Non mais lui ça va qu'il a sa souplesse mais moi j'ai mon dos hein...
Pi j'disais rien, mais j'avais mal à mon œil de perdrix dans les bottes...
Oh, une fois qu'il a eu fini son manège moi j'ai tout r'mis dans les plastiques, pi j'suis allée cacher tout ça derrière le cumulus.
J'aurais pas voulu qu'ma fille a tombe dessus...

Déjà l'lendemain a l'arrive, j'étais dans ma cuisine, a m'fait « Ben, t'as r'sorti tes vieilles bottes marron moman ? »
J'y fais « non non c'est pour l'Arménie » j'les avais pas rangées !
A l'a surtout eu peur qu'j'les mette pour sortir, a m'laisse pas mettre c'que j'veux ma f...
Hein ? Déjà, oh j'vais m'faire rouspéter par madame Ruzé.
Oh dites, ça fait rien, j'dirais qu'j'étais aux cabinets hein...
Elle s'en va et revient chercher son pliant.
... Oh ben faut toujours qu'j'oublie d'prendre mon pliant.
Marrant hein ?

La Renardière II

Elle traverse le plateau dans l'autre sens, toujours avec l'énorme saladier sous le bras.

Quoi, tu connais pas bonne-maman ?
Ah non mais tu sais que j'ai une grand-mère géniaaale !
J't'ai pas raconté sa dernière trouvaille ?
Elle est folle de Bernard Lavilliers, ça fait hurler Caro, moi ça me fait mourir de rire !!!
Ah non écoute elle est géniale, quatre-vingt-deux ans, encore hyper active.
Tu sais qu'elle conduit toujours sa vieille Deux Chevaux à la Renardièrc.
Et alors quand elle pète c'est une infection !
Maman ?
Ben elle s'en fout tu parles, elle pète aussi. Génial !

Tango

Elle danse une version très rapide de « La Cumparsita », comme une fille seule qui s'éclate dans sa chambre.

L’étudiante

Elle entre par le fond de la scène, entrouvre le rideau par le centre et entre avec un peignoir.

C’est possible de faire un peu moins d’bruit ?
Non, je dis rien depuis tout à l’heure mais là c’est...
Vraiment hein.
Non écoutez, j’suis crevée moi.
J’arrive pas à dormir, en plus j’me lève hyper tôt demain, j’ai un partiel d’urbanisme, alors euh...
Ok ?
Non j’vous d’mande pas la lune, j’vous d’mande juste de faire un peu moins d’bruit, pi ch’sais pas moi d’avoir un minimum de respect pour les gens qui dorment.
Merci.
M’obligez pas à revenir hein...

In England

Elle est assise, on voit qu'elle est à table, elle tend son assiette. Elle a un rire « agricole ».

Ok, ok, it's enough hi hi hi hi hi.
Yes, in France, we call that « Hachis Parmentier », no « Hachis ParmenTIER »...
... Good, good accent David, nice !
Six years but very intelligent Ha ha ha ha
Elle bouffe, visiblement c'est dégueulasse.
Good !
Yes, same food in France !
But not breakfast.
Your breakfast is very big.
In France we have no eggs, no sausages, we have tea, coffee, bread, butter or jam it depends.
My mother, only butter.
My father only jam, and me butter and jam hi hi hi hi hi !!!

No, no brother, only sisters... three, yes three!
My father alone with five girls hi hi hi hi
The first one is Hélène, after it's me, after Elisabeth, like the queen hi hi hi hi
Ça ne fait rire personne.
And after it's Aude, small but big.
Shoes fourty two, shoes... shoes fourty two
Ils ne comprennent rien non plus.
Big, yes big.
Elle tourne la tête. Good TV in England.
In France not good TV.
Who? Martin Guillmor... I don't know.
Nice.
What?
Yes Plastic Bertrand, yes French.
Mime Marceau... International.
He can play in all the country, no problem like me hi hi hi hi hi!!!
Encore un gros bide.
Elle sourit, puis bâille.
Mister Fletcher, can I have some water please!
... Sorry, Bob, can I have some water please. Thank you Bob like Bob Marley, but you're not black, you're red hi hi hi hi hi! *(re gros four)*
Sorry? ... Boy-friend? Yes, in France.
... Christophe... Christophe... What?
Fuck...
What is fuck?
Oh no, no, no, only kiss, student...

Ah you want that I speak french.
Qu'est-c'que j'vais t'dire moi euh
Ben on est à table.
Yes Table, Tabble, same, French-English very near.
Hi hi hi !!
You say Rich, we say Riche...
You say Restaurant, we say Restaurant.
Same.
But sometimes it's different.
In England, to sleep is *(elle fait le geste de dormir)*
And in France, slip is euh *(elle montre)*
No, under.
Yes ha ha ha ha ha
Ok David, slip nice ! Hi hi hi hi
No really thank you really.
May I call my parents ? Ha ha ha !!!!

La Renardière III

Béné ? Bè ça fait des années qu'on la connaît !
Tu sais qu'au départ c'était une super copine d'Alix...
Elles se sont r'trouvées à la Renardière, elles s'étaient pas revues depuis des années, c'est génial !
Là elle est mariée depuis deux ans avec Urbain, un type un peu fort, très sympa.
Ah non mais tu sais que lui il est incroyable !
Au mariage de Caro, il nous a fait tout un cinéma pour sabrer l'champagne, il a tout renversé sur son costume, il était trempé.
Impossible de trouver un pantalon à sa taille à la Renardière, tu parles... *(Geste de gros)*
Eh ben écoute, il s'est pas démonté.
Il a mis tout son p'tit attirail dans un sac de dragées, il est r'parti danser.
Maman ?
Ben elle était ravie, tu parles, des dragées, génial !!!

Madame Cadinot

Les mains pleines de crème, la voix très très aiguë.

Dites ?
Dites ?
On a toujours le même gendarme, non ?
C'est pas vous qu'étiez déjà là à l'accident à monsieur Soudé ?
Il m'semblait bien !
Ça va pi vous ? *Elle lui tend le poignet.*
J'suis dans ma craième alors a ma...
Fait chaud hein ?
Ah ben, j'ai tout entendu moi hein...
J'ai ma f'nêtre su la route alora...
Ça fait du bruit hein ?
Enfin, y a eu plus d'peur que d'mal hein...
Non, al a rien, a doit avoir trois quatre bleus pi si ça pouvait la calmer un peu hein !!!
Vous la connaissez pas vous cette fille-là ?

Véroniqueu Stallin.
A l'est toujours à moitié à poil su sa Mobylette hein.
Faut pas qu'a s'étonne après d'avoir un tracteur qui y rentre dedans hein...
Ah non, a fait rien, a ratisse avec son tchu toute la journéy et puis c'est tout.
Ah ben est une rapide hein.
Faut la voir à l'œuvre...
J'l'ai vue faire moi c't'été à la fête à Brametot hein, tout l'monde était là autour des manèges, personne faisait d'mal hein...
A s'approchait d'un gars qu'a connaissait pas, voyais bien qu'a connaissait pas.
Deux minutes après a y roulait des pelles dans les autos-tamponneuses hein.
Oh pi a fermait les yeux là, ouf.
A d'vait sûr'ment cogiter pour savoir où qu'a l'allait l'emmener après hein.
Ah mais ça, a l'est pas maligne, mais quand qu'il s'agit d'se trouver un coin pou s'faire TRIPOTEY, ça galope hein là-d'dans hein *(tête)*...
Pi après, pas, è pas difficile, a l'enlève sa tchulotte, et puis allez hopa, a prend sa giclaye!!!
Ah ben ch'sais pas moi, j'sais pas comment qu'ils font parce qu'a l'est moche...
Oh la laye, a l'est pas belle hein...
A l'a des lunettes, est pas des lunettes, est des hublots...
A l'a des verres y sont épais d'ça on y veille même pas ses yeux...

Ah pi ses ch'veux... on y f'rait des frites avec tellement qu'ils sont gras.
Oh.
Quand j'la vois, j'la vois su'l'marché l'sam'di, a m'ÉNERVE !!!
Oui ma.
Comment qu'a nous r'garde...
L'aut'jour a l'était accrochée au gars Robinot, l'apprenti à Soudé là.
A me r'gardait comme si j'allais y pitchey.
Oui ma.
A peu y astiqué l'manche tant qu'a veut, est pas moi qui va y prendre sa place.
Hein.
Une putain, une putain, même pas hein...
Encore qu'a f'rait ça pour avoir des sous...
Mais là pas pareil hein.
Ça y plaît la tchètchète...
Hein pi ça la dérange pas hein, même qu'ils soyent vieux, même qu'ils soyent poivrots, pareil hein.
Du moment qu'ça a une saucisse dans la tchulotte...
Ah ben dites, dites, ils l'ont bien r'trouvée une fois tchulbutée derrière eul'talus avec Maurice Trétout, oui pffffff !!!!!!
Ah ben j'sais pas moi...
J'sais pas comment qu'ils s'sont débrouillés parce que hein...
Bourré comme il est d'habitude, ça a pas du être facile pour trouver l'trou hein... Non.

Ah ben tiens, r'gardez v'là les pompiers.
Alora ma, oh la laye, oui maa mm.
A les aime bien ceux-là hein.
Ça y plaît la tchètchète eud'pompier !!!!
Vous savez pas c'qu'a l'a fait un jour c'te grande courge.
A l'était su la route. A les a entendus arriver.
A la mis sa mobylette su'l'bas-côté.
A s'est couchée en travers de la route comme si qu'a l'avait un malaiiise, tout ça pour qu'ils la ramassent pi s'faire TRIPOTER, dans l'camion.
Cinéma hein !!!
Oh ben moi j'suis sûre qu'a la bien trente ans maintenant cette fille-là...
Eh ben dis donc, j'sais pas combien qu'y en a qui ils sont passés d'sus mais...
L'bouillon d'tchulture que ça doit être là-d'dans, j'aimerais pas y mettre mon nez hein.
Hein ? ah ben oui ça a l'est pas nette, ils ont pas d'courant chez Stalin, ils ont pas l'eau chaude.
M'enfin comment qu'on faisait nous avant.
Est quand même pas compliqué que d'prendre un bout d'savon pi d'se laver l'derrière alora.
Enfin, j'en connais quand même un qui s'est pas laissé faire.
Est mon bonhomme !!!
Etait l'année dernière, pou l'arbre de Noël de l'école, est toujours mon mari qu'est déguisé en Pé Noël, pou donner les cadeaux aux gosses.
A l'était là hein, comme d'habitude, a l'est toujours partout.

A y tournicotait autour, a tirait su sa barbe en coton pour rigoler, à un moment il en a eu marre, il y a mis une voley, oui ma, a l'avait la joue toute bleue, les lunettes dans l'sapin, on rigolait avec Jacqueline, on en aurait pissé dans la tchulotte.
Comme a l'a dit Jacqueline « Il y a fait un beau cadeau l'Pé Noël eus t'anneye !!! »
A l'avait encore la marque pour l'jour de l'an.
Ah ben allez-y si ils vous appellent hein... Pas qu'ça à faire moi suis dans ma crème alora,
C'est ça oui alora ma, oh la laye, oui ma mm.
(Seule, elle s'approche de la fameuse Véronique)
A l'est contente là, y en a du monde autour hein, a biche-là, a M'ÉNERVE !!!
A l'aura pas, a l'aura pas sa tchètchète eud gendarme...

L'étudiante II

C'est beaucoup là hein...
Non, j'crois qu'à partir d'un certain moment, les conneries ça va quoi...
Ch'sais pas moi, faut s'calmer hein.
Prenez une douche, j'sais pas...
Non écoutez, je suis vraiment vraiment crevée et j'suis pas complètement sûre que ce soit vraiment normal de pas avoir le droit d'dormir, maintenant ch'sais pas...
J'suis p'têt conne, j'ai une maîtrise d'urbanisme mais bon...
Non mais attendez là, non, vous avez peut-être l'impression d'être des gens formidables hein, d'ailleurs c'est possible.
Mais là, là, y a un truc qui vous a complètement échappé là...
C'est l'autre...
Oui, ça m'arrive aussi d'm'amuser hein, merci.
Je sais c'que c'est qu'l'humour, j'pratique hein...
Mais bon j'sais pas quoi, j'essaie de pas... trop oublier qu'la terre tourne aussi sans moi quoi.

Ça m'semble un minimum.
Alors bon j'espère que ça y est, vous avez bien pris conscience de tout ça là.
Ok ?
Ok !!!
Oh allez, soyez adultes un peu…

Mickeyrine

Elle est couchée par terre, sur le côté, elle a quatorze ans.

J'te jure c'est nul la France !
Tu verrais en Angleterre, tu fais ce que tu veux...
Ohh arrête, quand j'suis sortie du bateau hier, que j'ai vu la gueule de ma mère avec son K-Way bleu. Ahhh, l'angoisse !
Hein ? Yes, euh pardon oui, j'ai du mal à m'y faire...
Quand j'pense que demain, on va voir la gueule de toute la classe, ça m'bouffe !
Cyril Kerbronec... aaah !
Fabienne Dranguet aaaah !
Sandrine Darvin ouuh j't'ai pas dit avec qui elle était sortie en Angleterre ? Devine...
... Non... Mais non !!!
Avec Mm mm...
Je te jure, enfin bon, faut pas s'envoler hein, il lui a roulé deux gades le dernier jour sur le bateau, après elle était malade...

Tu parles, elle avait bouffé au moins quinze Chocolate Choc...
Remarque, il lui restait un billet d'cinq livres, elle allait pas l'rendre à sa mère.
Après elle a tout vomi sur le sac de Géraldine Salmon, y avait tous les cadeaux pour ses parents dedans. Ha ha ha!
Remarque le prof il est sympa, il l'a aidée à nettoyer.
... Ouais Granier.
Mais en cours il est nul, mais j'te jure en privé il est super il s'est acheté plein d'compacts...
Et tu sais qu'en fait il peut pas les saquer les autres profs...
On lui a d'mandé pour Guédon et Leboedec... c'était vrai...
Il les a vus dans la salle des profs.
Aaaaah, tu les imagines tous les deux :
« Je t'aime ma chérie dans ton beau pantalon jaune » haaaahaaa !

En pleine crise de rire par terre, elle se retourne sur le côté.

Mais maman !!! Mais tu pourrais frapper quand même, on a pas douze ans...
A sa copine.
Je rêve...
A sa mère.
Ouais ben, je te signale qu'on bosse alors...
Parfaitement, on bosse, demande à Mickeyrine...
A Mickeyrine.
Elle veut pas m'croire...

A sa mère.
On a un truc à deux à faire en histoire alors euh...
Ben t'as qu'à téléphoner au prof hein...
Ben dis donc j'sais pas c'que t'as depuis qu'j'suis rentrée d'Angleterre mais tu peux vraiment pas m'saquer hein.
... Oui, oui, elle va rentrer chez elle Mickeyrine, deux secondes et d'mie, elle a p'têt quand même le droit d'mettre son blouson...
Elle hallucine et se relève sur les genoux pour embrasser sa copine.
Allez salut Mickeyrine, *smack smack* à demain neuf heures, Espagnol, Sanchez ouhhhh.
Hé, hé, hé, tu m'téléphones ce soir après dîner, si tu restes pas deux heures avec tee-shirt rouge, salut...
Mais maman, mais tu pourrais quand même être un peu plus sympa avec Mickeyrine, mais tu t'rends pas compte mais ses parents sont divorcés en plus elle a même pas eu son BEPC blanc alors...
... Quoi mes notes ?
Ben je sais c'est moi qui les ai eues alors...
Ouais bè justement, alors là en maths c'est pas d'ma faute, je vois rien au tableau.
Mais, mais j'vais pas aller m'foutre au premier rang, mais tu t'rends pas compte.
Mais le prof y pue, il a des grosses auréoles sous les bras en plus il met des sous-pulls alors euh...
Ouais bè en Français le prof il est pédé alors...
Bè, j'peux toujours m'accrocher pour avoir la moyenne...
... Quoi ta ch'mise ?

Où ? Ben où ?
Ah bè j'sais pas c'qu'elle fout là moi...
Tu peux la prendre, j'l'ai jamais mise.
Alors là ça m'étonnerait, j'la trouve immonde et en plus elle gratte alors...

Bè dis donc, j'sais pas c'que t'as à m'accuser tout l'temps comme ça en ce moment, mais
T'es complètement fasciste ou quoi ?
... Oui, oui je t'écoute... Quoi, là ce soir, ah non j'hallucine là.
Mais on est tout l'temps obligés d'aller obligés d'aller dîner chez eux, ça pue l'soja, ils sont complètement babes.
En plus ils parlent pas fort, ça m'énerve !!!
Oh... ben j'ai rien à lui dire moi, il a treize ans, il a plein d'boutons, un vrai gamin.
Avec sa voix d'Biactol là uh uh uh UH... *(Voix qui mue)*
L'erreur ce mec !

En plus c'est carrément la préhistoire chez eux, y a du PQ marron.
Ouais ben c'est pas d'ma faute moi si vous choisissez toujours d'avoir des amis nuls.
Déjà qu'il faut s'les supporter tous les étés à Piriac, où on s'fait engueuler dès qu'on veut s'acheter des cookies.
Tout d'façon alors là cet été, tu peux les inviter quand tu veux, j'suis pas là...
Comme ça ils pourront aller tous les jours *(avec voix lente)* chercher le lait chez madame Blanco...

Non, j's'rai pas là, j's'rai en Angleterre.
Parfaitement.
J'suis invitée quand j'veux.
Tout l'monde m'attend là-bas.
Pi au moins j's'rai sûre de plus jamais rencontrer tous ces petits connards de Français qui font tout pour vous foutre les boules.
C'est nul la France !!!

La Renardière IV

Etienne ?
Ah non moi j'le trouve plutôt sympa !
C'est sûr il est hyper classique, mais écoute en même temps, moi je l'ai vu en jean-Docksides faire la course de voile de l'école de commerce, là il est carrément géniaal !
Tu sais qu'c'est un super copain d'Arnaud ?
Ils s'connaissent depuis Saint-Jean.
Ah non mais tous les deux, ils ont des souvenirs de parties de Donjon-Dragon mémorables...
Tu sais que pendant deux ans il a été fou amoureux d'Caro.
C'est Arnaud qu'elle a épousé...
Hyper sport, il est quand même venu au mariage.
Il est même resté deux jours...
Alors écoute, le lendemain, les parents étaient partis faire une grande balade, avec les garçons on a fait une super partie d'croquet, on était morts de rire !
A un moment Etienne s'est pris un bon coup d'maillet dans les couilles, il avait les couilles bleu marine !

Maman, bè elle était pas là, elle aurait adoré tu parles, le bleu marine génial !

Tournez manège

Ils ont chacun l'accent du Sud, un papier et cochent les réponses dessus.

VÉRONIQUE : Jean-Claude, quelle est ta vedette préférée ?

JEAN-CLAUDE : Ça dépend.

VÉRONIQUE : Merci !
Jean-Claude, penses-tu que le sida est un fléau de notre société ?

JEAN-CLAUDE : Oui tout à fait !

VÉRONIQUE : Jean-Claude, tu préfères avoir un salaire élevé et être traité comme un chien, ou un salaire normal et être bien considéré par ton patron ?

JEAN-CLAUDE : Ben, je n'aime pas le mépris, question de tempérament.

VÉRONIQUE : Donc tu choisis la deuxième ?

JEAN-CLAUDE : Bah oui. Véronique, si je te dis Acapulco, est-ce que tu dis Banco ?

VÉRONIQUE : Ah, oui, ça pas de problème, les vacances... Jean-Claude, tu préfères la vie « Balades-chocolat noir-Rondo Veneziano », « Ciné-restau-boîte » ou « Pantoufles-pèpère-infusion » ?

JEAN-CLAUDE : Tu peux répéter ta question.

VÉRONIQUE : Tu préfères la vie « Balades-chocolat noir-Rondo Veneziano », « Ciné-restau-boîte » ou « Pantoufles-pèpère-infusion » ?

JEAN-CLAUDE : Ben, la première, avec le chocolat, je suis gourmand...
Véronique, lors d'un accident, ton fiancé devient handicapé moteur, quelle est ta réaction ?

VÉRONIQUE : Ben, je reste avec lui, y a pas de raison, j'accepte sa différence.
Jean-Claude, tu préfères réussir ta vie ou réussir dans la vie ?

JEAN-CLAUDE : Ben euh pour moi l'argent c'est rien, à côté du bonheur...

VÉRONIQUE : C'est vrai, et c'est rare.

JEAN-CLAUDE : Véronique, que penses-tu de cette phrase : « Ne te joue pas du bonheur, il pourrait se jouer de toi » ?

VÉRONIQUE : Je trouve ça très beau, c'est de toi ?

JEAN-CLAUDE : Véronique, que penses-tu des hommes qui gardent leurs chaussettes après les rapports ?

VÉRONIQUE : Pas trop, pourquoi tu le fais ?

JEAN-CLAUDE : Non.

VÉRONIQUE : C'est bon.
Jean-Claude, aurais-tu aimé vivre dans un autre siècle, si oui lequel ?

JEAN-CLAUDE : Oui, par exemple les années soixante.

VÉRONIQUE : Ah oui c'est sympa ça.

JEAN-CLAUDE : Véronique, tu entretiens d'excellents rapports avec ton voisin de palier, soudainement tu apprends qu'il est homosexuel, est-ce que ton attitude change ?

VÉRONIQUE : Non, je suis comme avant, pour moi c'est pareil, j'accepte sa différence.
Jean-Claude, tu préfères une super Miss Monde bête comme ses pieds ou une fille un peu plus ronde mais intelligente ?

JEAN-CLAUDE : Intelligente, enfin si elle est quand même pas trop grosse hein...
Véronique, seras-tu capable de quitter ta région pour suivre celui que tu aimes, par exemple, le Sud ?

VÉRONIQUE : Pourquoi pas, faut voir, ça dépend, peut-être, en même temps, faut voir...
Jean-Claude, tu préfères la vie« Balades-chocolat noir-Rondo Vene... »
Ohhh je l'ai déjà posée.
Ah oui ! Qu'est-ce qui te fait le plus rire chez les gens ?

JEAN-CLAUDE : Leur humour.
Véronique si jamais... Déjà ! Ben ça passe vite.
Ben moi je prends Véronique !

VÉRONIQUE : Pas évident...
Bon, Jean-Claude.

Un, deux, trois...

Elle l'embrasse, il est tout petit.

VÉRONIQUE : Je suis contente, j'accepte sa différence.

La Renardière V

J't'ai pas dit ? Tu sais qu'Etienne a dansé au moins cinq rocks avec Clo, génial !
Ségolène était morte de rire, elle qui voulait les présenter depuis deux ans...
Ah non ils étaient hyper craquants tous les deux en vert bouteille.
Ça s'est terminé à six heures du mat, à la fin les garçons avaient rapporté des cassettes un peu sympas, papa a dansé la Lambada avec Soisik, il avait une gaule monstrueuse c'était génial.
Maman, elle était ravie tu parles, la gaule, génial !

Sommeil

Elle dort, se réveille, se rendort, rêve :
Si tu fais des crêpes, faut aller les acheter maintenant...
Elle se cure le nez, frotte son doigt par terre.
Se rendort, plie les jambes et lâche une grosse caisse.

Les mots des gueux

Elle les égrène, de plus en plus angoissée par leur sens caché.

Concupiscent

Presbyte

Compétent

Tapisser

Sarabande

Perpète

Visqueux

Suspect

Joan Baez

Consensus

Paniquer

S'expatrier

Knobelspiess

Enrichi

De Gaulle

L'étudiante III

Bon, qu'est-c'qu'on fait, on décide ensemble ?
J'sais pas.
Non écoutez, je crois qu'j'suis venue deux fois, j'ai pas gueulé...
J'ai pas gueulé ?
J'ai pas appelé les flics, j'ai pas non plus l'impression d'être complètement hystérique mais là c'est tout quoi...
Oui non mais puisque vous avez pas l'air de vouloir comprendre, moi là, à l'heure qu'il est, j'suis obligée d'prendre des mesures...
Ah oui non mais attendez là, vous avez quatre ans et demi ?
Non mais parce qu'on peut se demander hein vraiment, vraiment hein.
Alors bon, j'trouve ça complètement hallucinant d'en arriver là, ça me...
Mais là c'est TOUT quoi, vous avez gagné, là vous allez avoir les flics sur le dos dans cinq minutes, et vous vous d'manderez pas pourquoi...

Pénible pour moi aussi.
Mais bon, quand j'pense que j'vous ai fait confiance...

Ta djeule

Non, non, arrête Jean-Claude, fais pas chier !
Non, non j'rent'pas là-d'dans !
J'm'en fous j't'attends là.
Mais j'fais pas d'mal, j't'attends là non mais oh dis, dis, dis !
J'te respecte, tu me respectes.
Non, j'rentre pas là-d'dans.
Y va pas t'es con !
Viens, mais viens, j'te paye une Mort subite !
J'ai les sous !
Tu vas t'faire chier hein, après tu peux pu sortir, attention, fini, hop !
J'vais pas aller m'faire chier là-d'dans moi.
Non mais oh dis, dis, dis…

Ta djeule toi, ta djeule j'ai baisé ta femme !!!

Moi, j'connais, j'y a d'jà été.
L'aut'salope d'assistante sociale là,
elle m'a donné une place pour aller voir *L'Avare*.

Elle m'a dit, tu vas rigoler.
Pfff, tu parles...
Tu rent'là-d'dans, des djeules de tchu d'vant un rideau, bougent pas là pppp...
Oh dis, l'rideau y s'ouvre, des djeules de tchu encore pire!!!
Les gars là-d'dans, les perruques, les talons, les nœuds-nœuds...
Des vrais pédés, j'suis pas un pédé moi, nuance, j'aime encore mieux m'faire entchuler, tiens.

Ta djeule toi, ta djeule j'ai baisé ta femme!

Pi alors s'écoutent parler là-d'dans...
Tout ça parce qu'ils ont des perruques,
alors là attention là, fiou fiou fiou, Monseigneur le Pape...
L'aut'gros pédé avec sa moustache là, il tournait pendant une heure autour de la fille là, l'aut'allumeuse avec ses nichons « Que vous prie, que vous prierais-je »...
Non mais oh dis, dis, dis, tu la baises ou tu la r'tournes?
On va pas s'faire chier non!

Pi l'autre vieux con là, l'autre idiot, avec son bonnet d'nuit « Ma cassette, ma cassette, ma cassette »
Oh dis dis dis, ta djeule t'es assis d'ssus.

Ta djeule, ta djeule j'ai baisé ta femme!

Oh dis, j'en avais plein l'tchu, d'leur connerie d'cassette là
J'fais oh! j'me casse moi!

J'sors, y f'sait nuit dis, trois heures là-d'dans, malades les gars !
J'voulais prendre une Mort subite, Mauricette fermée, Dodophe fermé, tout fermé !

J'rent'chez moi, j'ouvre la porte, y avait Jean-Claude !
Pas toi un aut'Jean-Claude...
Il avait baisé ma femme !!! Oui ! Pendant qu'j'étais avec l'autre gros pédé là...
J'y fais, toi tu touches pas, j'te casse la djeule.
Y prend son couteau, il me le fout là, là, là r'garde, *(Il montre ses cicatrices)* r'garde r'garde !
J'aime pas l'théâtre !

La Canadienne

Elle est assise sur le bord de la scène et s'adresse au public avec un fort accent canadien.

J'sais pas c'que j'ai là tout suite, une espèce d'angoisse qui m'prend là...
Un p'tit nœud comme on dit.
Tout ça est... tellement neuf!
C'est d'jà pas bien facile de dire quand ça va pas...
Même si on est toutes là pour ça.
Mais j'crois qu'c'est encore plus difficile de dire quand ça va mieux.
Ça va mieux.
Oui.
Oh j'dis pas qu'j'suis rendue mais j'ai comme l'impression d'être au bout du tunnel.
Pi j'tenais à vous l'dire, pi à vous dire... merci, voilà.

Merci à vous toutes d'vous être exprimées d'la sorte, chacune avec son handicap.

A toi Line, où t'es Line ?
Hantée par cet espèce d'exhibitionniste qui rôdait dans ton district.
Pi toi Diane, avec ta frigidité dont tu parles si bien...

Pi toi Suzanne, pi tes ennuis d'poids, pi moi aussi, toujours prête à sauter sur n'importe quel type, pour tromper ma solitude, collectionnant les vaginites.
A toi Yvette, pis enfin à vous toutes qu'avez eu la vaillance de dire.
« Je suis... différente. »
Pi j'ai un p'tit peu envie d'vous conter une p'tite anecdote, qu'est toute bête, mais qu'en dit long...
C'était y a deux ans, juste après mon divorce, j'étais pas bien joviale.
Pi l'institutrice de mon p'tit Luc a vu ça.
C'était sans doute inscrit en gros sur ma tête.
Elle m'a dit « Ça va pas ». Bè j'ai dit « Non, ça va pas ».
Pi elle m'a noté un numéro, sur un p'tit bout d'papier, bleu...
Qu'est d'abord resté traîner une bonne semaine dans la poche de ma canadienne.
Pi c'numéro, c'numéro... oh pas la peine de t'cacher va Suzanne...
C'numéro ben, c'était l'tien, pi j't'ai appelée, pi tu m'as répondu, pi non seulement tu m'as répondu mais, mais t'es même venue me trouver côte des neiges, avec tes raquettes.
Tu t'en souviens ?

Tu m'as parlé avec des mots tout simples pi enfin tu m'as dit, qu'est-ce tu m'as dit, tu m'as dit ?
Viens.
Pi j'suis v'nue là. Voilà.
Enfin tout ça pour vous dire que samedi matin ben j'sais pas bien c'qui m'a pris.
Ben quand j'ai vu l'soleil entrer par la fenêtre, j'ai éclaté d'rire, j'suis bête...
Pi j'ai vu mon p'tit Luc, avec son p'tit bec tout ensuqué d'sirop d'érable qui m'a dit, « Ça m'plaît bien Moman quand tu ris comme ça... »

Voilà, pi avant d'te laisser la parole Diane.
Ben quand j'nous vois là, toutes réunies, pi bein soudzées hein.
Ben j'ai un p'tit peu envie d'contredire Fabienne Thibeault, pi d'dire qu'au bout du compte, on se rend compte qu'on est...
... Jômais toute seule au monde !

Elle chante.

On parle, les unes avec les autres.
On souffre les unes, pi parfois les autres.
On se rencontre tous les jeudis.
On se raconte et on en rit, surtout toi hein...
Mais au bout dzu compte, on se rend compte, qu'on est ?

Jômais, c'est bien !
Jômais toute seule au monde.

Salle d'attente

Tous les personnages du spectacle sont réunis dans la salle d'attente d'un médecin.

Madame Cadinot

Dites, j'étais là avant la dame hein !
Ah ben oui mais moi l'docteur il m'a dit onze heures alora ma, j'suis là d'puis une heure j'ai pas qu'ça à faire moi hein !
Pi j'ai mon car à prendre alora...
Oh la laı, ils en profitent qu'on est malades pour nous faire attendre....
Pi la p'tite jeune fille aussi elle était là avant, hein ?
A quelle heure elle avait rendez-vous ?
Elle sait pas ? Hein ?
A bè, elle s'est fait passer d'vant et puis c'est tout hein.
Allez-y, allez-y, elle est là elle s'cache derrière sa porte.
Allez-y ! Allez-y !
Ben pourquoi qu'a veut pas y aller ?

La jeune fille de « In England »
Non, non non j'vous remercie, non ça va aller, vraiment, j'ai tout mon temps, j'suis en vacances, en plus c'est pour une piqûre alors euh ha ha ha ha !!!

Madame Cadinot
Ah ben ça si tout l'monde fait pareil, on peut coucher là hein...
Surtout qu'elle avait pas l'air bien malade c'te femme-là hein...
Ça, on connaît, on connaît, « Montrez-moi votre pouls », pi allez hop a emballey c'est pesey, la tchètchète au docteur...
Pi pendant c'temps-là nous on poireaute hein... Oui ma...

Ta djeule
Ta djeule, ta djeule la grosse euj't'ai rien d'mandé, non mais oh dis dis dis...
On est pas chez les Grecs, nuance...

Stéphanie
Maman, pourquoi il nous dispute le monsieur, hein ?
Peut-être qu'il a un p'tit peu peur.
Moi j'ai pas tellement peur, j'me mets mon p'tit tricot d'porc, j'fais comme ça *(elle ouvre grand la bouche)* et c'est tout. Beh oui !

Renardière
Arrête, arrête Guillaume, tu me fais hurler de rire !!!

Ah non mais t'as vu la tête que tu fais, t'es bleu marine, je peux pas...
Et alors... Bè écoute, ça arrive à tout l'monde de s'coincer les couilles dans l'rond d'serviette de bonne-maman...
Maman, bè j'lui ai tout raconté, elle a adoré ! Tu parles, le rond d'serviette, génial !!!

L'étudiante
Non attendez excusez-moi, non c'est p'têt passionnant vos histoires de rond d'serviette mais ça intéresse peut-être pas forcément tout l'monde...
Non écoutez, j'viens d'passer un partiel d'urbanisme...
Non attendez là je rêve, non mais vous continuez.
Non mais si c'est si intéressant que ça vos histoires de ronds d'serviette, vous allez terminer dans l'couloir et j'pense que ça f'ra de peine à personne ici, vraiment...

Tournez manège
(Tout bas) Pssiit ! Jean-Claude, Jean-Claude... Tu as pris le chéquier ?
Bon c'est bon !

La dame qui prend sa pause
Ah là ça fait déjà quinze jours...
J'suis ballonnée mon vieux.
Après forcément ça fait des gaz hein...
J'arrête pas d'la journée.
Mon mari quand j'pète ça l'fait rigoler.

Il m'fait, tu pourrais aller à la piscine avec ta p'tite fille tu vas y gonfler sa bouée… Numéro hein…
Ben moi voyez, bè j'aime pas péter, marrant hein…

La Canadienne
C't'ennuyeux les flatulences, ça peut devenir fastidieux…
J'avais un ami à Montréal, un étudiant togolais, victime de flatulences comme ça, qu'en est décédé en plein mois d'août hein…
C't'ait pas facile, j'ai mis du temps à l'accepter.

La fille qui s'endort, s'endort sur la chaise et ronfle.

Mickeyrine
Mais, mais en plus elle ronfle, mais j'la réveille pas mais elle a un gros cul, elle prend toute la place.
Deux secondes hein, 3615 code j'existe…
Ouais bè, t'étais pas obligée d'venir avec moi, ouais bè j'te signale que Mickeyrine elle y va toute seule chez l'docteur alors heu…
Hé hé hé quand tu viens m'chercher à l'école, te crois surtout pas obligée de sortir de la voiture, ça m'bouffe.
Y a qu'des erreurs ici…
Ça craint la mort !

Ta djeule
Non, non, j'm'en fous j'me casse.
Non, non j'rent' pas là-d'dans, non.

Ta djeule, ta djeule la grosse occupe-toi d'ton tchu non mais oh dis dis dis.
Non, eul'docteur il m'touche les couilles j'y casse la djeule.
J'suis pas un pédé moi, nuance…

Stéphanie
Maman, man, c'est quoi des couilles ?
Hein ?
Tu sais pas…
Ah bon bè moi non plus !

SPECTACLE N°2

Valérie Lemercier au Théâtre de Paris

Septembre 1995 – Mai 1996

Puis en tournée et à l'Olympia

Danse sur Bratsch

La Renardière

Ah non, j'ai plus rien.
Là j'ai tout vendu j'suis ravie!
Ben attends, Frédé t'a pas dit?
J'ai viré Arnaud. J'ai viré Arnaud y'a deux mois...
Ah non mais les dîners d'huit avec quatre minettes en serre-tête j'en avais ras le bol... Tu sais, j'ai pas non plus besoin d'un milliard douze pour vivre, ça va... j' veux dire ça va... J'achète des commodes à cent cinquante balles chez Ikea, j'les peins en bleu ciel, j'colle un Triplé sur chaque tiroir, j'les refourgue à des potes qui ont un dépôt-vente pour enfants, on m'file huit cents balles, j'suis ravie!!! C'est parfait! Ah non et puis alors épiler des rougets trois fois par semaine, ça devenait barbant hein... Moi maintenant j'bouffe des paninis comme tout le monde, écoute ça m'va très bien!

Non mais attends! On n'y fout plus les pieds! Ben non Frédé non plus. Attends maman s'est barrée... Maman s'est barrée!

J'veux dire elle a quand même élevé sept gamins maman. Soixante-trois ans, elle a embarqué deux bermudas, trois shetlands, et elle s'est barrée, on était sur le cul!

Papa? Il fout plus jamais les pieds à Paris, il est tout seul à la Renardière il bouffe du Galak toute la journée devant la télé! Il est devenu énorme!
Attends, papa il était comme ça avant hein! *(geste maigre)* Pas un pète de graisse! On sait pas quoi faire là...
Ah non il paraît que c'est vraiment devenu une porcherie là-bas.

Ouais ben bonne-maman, tu sais, elle s'en fout un peu.
Ah non mais tu la connais pas!
Là elle a installé sa vieille copine Annette dans l'bureau d'bon-papa.
Ah non mais attends t'as pas vu la Annette!
Quatre-vingt-deux ans, c'est la maman de Bernard Pivot, elle vend des bonbons des Vosges avec son âne devant l'Printemps. Elle est géniale!
Attends, elle a foutu son âne dans le local à vélos rue de Varenne, il a bouffé toutes les capotes de landaus, ça a fait un bordel avec les voisins... Virginie est furax, moi ça me fait hurler de rire!!!

J'trouve ça génial d'être tranquille!
Ah non mais attends j't'ai pas raconté, François Baroin...
Ouais ouais ouais François Baroin!

Il vient d'emménager au d'sus d'chez moi au quatrième, il descend m'voir toutes les cinq minutes, j'comprends pas... Il lui manque toujours un truc.
L'autre jour un tournevis, dimanche soir, deux heures du mat, j'étais au pieu, j'regardais une émission sympa là, sur M6, « Capital », il s'pointe, il voulait du cirage marron bon...
Et hier après-midi, un timbre...
J'sais pas c'qu'il veut, j'comprends pas...
... Quoi ?
Attends, j'ai pas bazardé les douze mille chemises vichy d'Arnaud pour avoir envie de m'refarcir les mêmes trois mois plus tard... Pas franchement !
... Ch'sais pas... Ouais non, t'as raison il est pas mal... mais bon.
Un peu bèce-bège, non ?

Christiane

Penchée vers une petite fille.

A viens-ti dormir chez Christiane ?
Viens-tu dormir chez Christiane ?
Où qu'elle habite Christiane ?
Elle est où Christiane ?
Elle est où la maison à Christiane ?
A sait bien !
A y a d'jà été.
Est pas loin, r'garde...
La veye-tu la maison à Christiane ?

A sa maman
Elle a peur hein... Elle sait pas, elle dit rien...

Re à la petite
A fait rien, est pas grave. A l'en a un pyjama Christiane qu'elle avait quand elle était petite. Elle était petite avant Christiane, comme toi...

A sa maman
A veut pas m'croire hein...

Re à la petite
Elle avait des grands ch'veux jusque-là, jusqu'aux fesses.
Ma maman a m'les coiffait tous les matins avec un peigne.
Christiane aussi a l'en a eu une maman.
Elle l'est plus là, elle est au cimetière avec le p'tit Jésus.
Y en a aussi un de p'tit Jésus au d'sus du lit à Christiane.
Ce soir elle f'ra sa p'tite prière quand Christiane elle va la mettre dans l'lit.
Elle a d'mandé à papa, papa il veut bien.
Elle lui a d'mandé Christiane.
Regarde, maman aussi elle veut bien.

A sa maman
A veut pas m'croire hein !

Re à la petite
Christiane, a va te donner une Orangina !
Elle en a quatre Christiane des p'tites Orangina dans son frigidaire. Deux chacune !
A l'a un beau décapsulateur Christiane.
On va bien s'amuser !!!!
Après Christiane elle va t'mettre dans une grande casserole, elle va t'couper en p'tits morceaux pi a va remuer avec une grande cuiller en bois !!!
Est pour rigoler !!!!

A sa maman
Elle a peur hein…

A la petite
Tu sais où qu'ils sont les bonbons chez Christiane ?

A sa maman
Elle sait bien, elle connaît…

A la petite
Dis-le à maman. Dans la boîte bleue qu'est sur le buffet à Christiane.
Elle sait bien quand qu'elle en veut.
Elle t'a pas encore montré ses photos Christiane.
Elle va t'montrer ses photos Christiane.
Christiane elle a des photos de quand elle était petite.
Elle était belle !!!

A sa maman
Elle veut pas m'croire !!!

A la petite
As-tu une tite tirelire ?
Elle va montrer sa p'tite tirelire à Christiane !
Christiane a va t'mettre une p'tite pièce dans ta tirelire.
Qu'est-ce que tu préfères, une tite pièce jaune ou une tite pièce blanche ?
Hein, elle va t'mettre une tite pièce dans ta tirelire.
Qu'est-ce qu'elle va s'acheter avec ça ?

Des bonbons ?
Ou bien elle va la garder pour faire un cadeau à maman ou papa ?
Qui qu'elle préfère ? Maman ou papa ?

A sa maman
Elle veut pas l'dire hein… ! Elle sait pas hein, elle dit rien là…

A la petite
Elle a des belles poupées Christiane, mais pas pour jouer… Si elle y touche, elle va lui couper l'nez pi elle va l'mettre dans une salade !!!!

A sa maman
Ah, elle a peur du chien…
Ah c'est ça, on avait pas compris.
Dis donc, elle a peur du chien !

A la petite
Il est pas méchant le chien à Christiane, il est attaché.
Pi si il t'mord, on va lui couper les oreilles, pi on va les mettre dans une grande marmite, pi on va les manger toutes les deux, à la vinaigrette !!!! Hi hi hi !
Pi demain, si elle vient dormir chez Christiane, Christiane elle va la laver, pi la peigner, pi elle va l'emmener à l'école !

A sa maman
Elle veut-y venir ?

Elle ose pas d'mander…
C'est ça, elle ose pas dire oui !!

A la petite
Demain, elle va te faire des belles tresses.
Elle va lui remettre sa culotte, son p'tit tricot d'peau, ses p'tits collants d'laine pi sa belle petite jupe.
Elle est belle sa p'tite jupe bleue !!!

A sa maman
C'est ti maman qui l'a faite ?
Non ?

A la petite
Veye-tu, Christiane elle met pas des collants, elle met des bas…
Elle va t'montrer Christiane…
Hein, j'te mets dans mon sac à pain pi j't'emmène !!!
Faut pas pleurer, ça fait rien, on va r'garder la télé toutes les deux.
Elle aime bien la télé…
Va voir maman, tu fais pas un bisou ?
Dis boujou à maman.
Ça fait rien, elle va venir te chercher demain à l'école maman.
Faut pas pleurer hein…
Christiane ça fait longtemps qu'elle en a plus d'maman, regarde elle pleure ti ? Non !

Regarde, elle pleure pas, regarde, maman non plus elle pleure pas...

A sa maman
Non, non, ça fait rien, si elle veut pas elle veut pas...

A la petite
Va voir maman.
Elle va pas l'embêter Christiane.
Si elle préfère être dans son p'tit lit est normal va...
Est pas grave...
Elle est pas fâchée Christiane !!
Ma pépeye, faut pas pleurer.
Fais un bisou à Christiane, va ma fille...
Ça fait rien....
Tu viendras demain...

PPDN

Elle lit un texte sur une feuille, une longue étole sur l'épaule.

Pour Monique et Jean-Francis afin qu'après l'effervescence du mariage de Guillaume, leur dernier fils, ils apprennent à se retrouver à deux dans leur grande maison, afin aussi qu'ils sachent trouver de l'intérêt dans de nouvelles activités et s'épanouir à l'aube d'une vie plus calme, prends pitié de nous.

Pour Soizic, Guy et Geneviève, revenus enfin parmi nous vendredi soir après ce long cauchemar sur le pic de Vénasque. Nous savons, nous, leur famille, leurs amis, combien leur attente a été longue, nous savons à quel point solide était leur foi au cours de ces longues heures. Contraints par la faim, ils ont dû se résoudre à manger leur crème solaire puis, à bout de forces, à téter une jeune maman belette provoquant, dans leurs efforts désespérés, la chute mortelle de deux jeunes secouristes bénévoles.

Afin que la vie près des leurs leur paraisse plus douce, afin qu'ils apprennent, jour après jour, à oublier ces longues heures dans l'attente des secours, prends pitié de nous.

Pour Hervé et Véro, afin qu'ils ne se découragent jamais, même après ces longues années d'attente, et qu'ils sachent un jour accomplir en toute sérénité l'acte d'amour, afin d'agrandir notre famille. Nous attendons avec impatience la naissance de ce premier enfant, fruit de leur amour, prends pitié de nous.

Stéphanie (La petite fille)

Elle est assise par terre et tape sur une poupée imaginaire posée sur une vraie petite chaise.

Ça suffit ! Maman n'est pas contente du tout !!!!
C'est fini ces petites histoires, j't'ai à l'œil tu sais. Maman n'est pas contente du tout mon petit chouchou.
Dis donc c'est fini cette comédie ! Qui a pété dans les médicaments de Papa ? Tu crois que j't'ai pas vue ? Je n'suis pas la seule. Dieu aussi te regarde, et il n'est pas très content non plus de tes petites simagrées.
Qu'est-ce que c'est que toutes ces framboises dans tes fesses ? Si tu continues à faire caca maman va te faire très très mal ! Ça suffit !
Ça suffit Maman n'est pas contente du tout.

Quelqu'un la surprend, elle sursaute.

Ahhh !!! Mais ! Normalement, quand mes parents sont là, j'ai le droit de jouer au moins jusqu'à minuit. Oui je me

couche mais il faut tout d'abord que j'en termine avec cette poupée. J'viens te voir dans ta chambre.
(Elle reparle à sa poupée.)
Ma p'tite chérie, tu vas rester toute seule, Maman revient, elle doit parler un peu à sa baby-sitter et demain on ira voir Guignol aux Batignolles avec ton ami Daniel.
Bonne nuit mon cœur.

Noir.
Elle est debout.

Ça y est j'ai couché ma poupée, on est tranquilles.
T'as une belle chemise de nuit, j'aime bien les petits pois. Qu'est-ce que tu lis ? Bé c'est bien. Ça t'fatigue pas de garder des enfants ? Oui forcément...
Moi, tu sais, je vais à l'école au cours Clara Kendall, tu connais pas ! Bé c'est une école privée bilingue, on est que douze en classe, on parle anglais le matin et français l'après-midi.
On chante en anglais et les poèmes, c'est en français. La semaine dernière on a appris un poème. Tu veux que je te récite ça va te faire comme une petite histoire que j'vais te raconter :

Je te le récite :

L'oisillon mort-né ;

Près d'un arbre, sur un banc, un vieillard somnole.
Il repense à sa vie, à l'enfant qu'il était,

Au bonheur de grandir, à l'odeur de craie,

Oh, gémit-il, pourquoi ai-je vieilli ?
Pourquoi mes jambes lasses ont cessé de courir ?
Pourquoi les hommes enfin finissent par mourir ?

Tout à coup il s'éveille, il s'éveille dans le vent,
Il vient de recevoir sur ses genoux pliés
La funeste dépouille d'un oisillon mort-né.

Saisi par le spectacle du sinistre embryon,
Gisant, sans vie, gluant dessus son pantalon.
Il rend grâces au Seigneur de cet enseignement.
Que me plaignais-je ingrat de n'avoir plus vingt ans ?
J'ai pu à loisir, pendant de longues années,
Voir poindre le jour, les blés, et puis l'hiver l'été.
Tandis que cet oison tout innocence et tout espoir
Est mort soudain sans voir ni même le jour ni même le
soir. André-Guy Nartout.

Tu sais dans mon immeuble, là au sixième étage, y'a un garçon qui est séropositif, alors ma mère est très gentillc avec lui, elle lui dit « ça va Damien ? » « Vous voulez que je vous aide à faire quelque chose ? » Alors elle lui donne des journaux qu'elle a déjà lus. Quand il y a des invités et qu'il reste du dessert, elle en met un peu sur une petite assiette, c'est moi qui vais lui porter.
Tu sais comment il m'appelle ? Il m'appelle Casse-noisette à cause de la danse.

Tu sais à la danse y a une fille, Sandrine Guédin, c'est la meilleure de la danse. Elle a eu son chausson d'or l'année dernière, c'est la meilleure de la danse, elle arrête la danse ! La semaine dernière, elle a dit « j'arrête la danse ». Quand elle va dire ça à madame Stanlowa, elle va dire « Pardon, euh ! J'ai pas bien entendu ».

... Non non, chez nous on s'lave les dents le matin...
Oui je sais parce que mon père il fume au moins plusieurs paquets par jour, comme il a un peu d'haleine le matin, alors il se lave les dents le matin. Tu sais ce qu'il fait après ? Il prend ses mots fléchés, il va euh... dans un endroit bien spécial, il reste au moins une heure et quand il sort, on sait pas trop ce qu'il a fait mais ça sent pas Miss Dior.

Moi du Miss Dior j'en mets un peu là... là... j'en mets un tout petit peu là, j'en mets pour aller à la danse.

Ma mère, elle a plein de produits de beauté, des crèmes pour les rides, des crèmes pour la culotte de cheval...
Oui oui j'me couche mais tu sais ? Tu sais ma mère eh ben elle se trouve grosse, elle est pas grosse hein mais elle se trouve grosse.
Alors elle fait de la gym, elle reçoit au moins toutes les semaines des trucs de M6 boutique pour maigrir, des petites soucoupes qu'on met sur le ventre qui font suup suup sup...
Mon père il trouve que ça fait beaucoup de bruit pour rien. En plus, il trouve qu'elle est très bien comme ça.

Tu sais où ils se sont rencontrés mes parents ?
Devine ?... Non, pas du tout ils se sont rencontrés au Portugal ! Ils se sont parlé, ils ont marché sur la plage, mon père était TRUFFÉ de piqûres de moustiques parce qu'il est roux, ils se sont embrassés, ils ont hum hum hum... et je suis née !

Oui attends !... J'y vais, juste donne-moi le nom d'un animal... donne-moi une couleur... T'as déjà vu un chien bleu ? Ma mère elle a dit un rat rose. C'est sale les rats. C'est comme chez madame Hautot à la campagne où y a deux rats qui s'enculent. J'les ai vus dans le cellier. Oui.
Mon père il a dit « ours » et « jaune ».

Et tu sais, Cédric... Au cours Clara Kendall, y a un garçon qui s'appelle Cédric, tu vas voir c'est nul.
Tu sais ce qu'il fait ? Il se met derrière nous, il met ses mains comme ça tu vois, et il dit « Devine qui c'est ? » Nous on dit « Ah très drôle Cédric ! Vraiment très très drôle ! » surtout qu'on sait très bien qu'c'est lui parce qu'il a les mains moites.
Et quand il le fait à Noémie Fillion, elle se met à pleurer. Cette fille c'est une copine, enfin c'est pas tellement une copine. Elle a pas l'droit d'se salir parce que sa mère elle lui met tout assorti, la jupe, le sweat-shirt, le chouchou et elle lui dit « t'es la plus belle de la classe ». Enfin bref...

Tu sais la chambre où tu dors ce soir, c'est la chambre de ma jeune fille. Elle s'appelle Ti Loan, elle est vietnamienne.

Elle est repartie voir ses enfants qu'elle a jamais vus. Tu sais quand elle est arrivée ici elle avait jamais vu un lit. Chez elle, elle avait pas de lit. Quand elle est arrivée, elle voulait même pas croire que c'était pour elle. On lui disait « mais Ti Loan c'est votre chambre Ti Loan » mais elle le croyait pas. Même les placards c'est pour elle. Tu vois elle en a plein. Mais y'a rien dedans parce que tout l'argent qu'elle gagne c'est pour envoyer dans sa famille. Alors pour Noël j'lui ai offert un tee-shirt Microsoft, c'est là où mon père travaille, bleu mais pas bleu marine, bleu comme mon justau... ah, j'allais dire comme justaucorps mais tu l'as jamais vu. Moi ça va pas la tête ! J'suis un peu zinzin.

T'as un petit copain ? Est-ce qu'il a les mains moites ? C'est bien t'as d'la chance. Est-ce qu'il aime les fruits, les fruits rouges, ou bien même les framboises ?
Tu sais qu'l'autre jour, il y avait des invités chez mes parents. Ma poupée arrivait pas à dormir... je passais près du salon, y prenaient des digestifs, y buvaient des bouteilles, des apéritifs tout ça... tu sais c'qui z'ont dit ? Le grand patron américain d'mon père, qui est très très mais vraiment très très intelligent. Tu sais c'que j'ai entendu ? Tu sais c'qui fait ? Il met des framboises dans les fesses de sa femme...

Fréquenstar

Il sort par la porte du fond, le ruban du Sidaction sur la poitrine.

LAURENT : Jean on sort de ta cave à vins, pas dégueu, Monsieur sait vivre... C'est bien. Tu nous as dit « Venez chez moi en Bretagne, y a un micro-climat, il fait toujours beau ». Bon là, ça fait juste deux jours qu'il pleut quoi mais ça fait rien on t'en veut pas ! Hi hi hi.
Là on profite quand même d'un petit rayon de soleil.
Petit le rayon hein, ah ouais non là c'est clair quoi !
Alors 83, tout seul sur la scène de l'Olympia, avec quand même tes zicos derrière toi, on pense à quoi dans ces moments-là ?

(Ils montent sur un muret)

Hein on pense à quoi ?

JEAN : Ben cadeau ! Cadeau ! Ben cadeau quoi...

LAURENT : Donc là on est sur le caillou d'Jean, pardon de Monsieur Jean. C'est un endroit assez stratégique. Ça veut dire quoi pour toi ce lieu précisément ?
J'ai cru comprendre que c'était important.

JEAN : Bé quand j'étais môme mes parents avaient une maison de campagne là-bas. Tu vois là-bas. On avait pas beaucoup d'sous. C'est pas un château. Moi j'me faisais un peu chier, j'étais fils unique et j'venais rêver sur ce caillou quoi... J'en ai passé des heures, j'ai écrit mes premières chansons, tiens « Ballon bleu » c'est là qu'j'l'ai écrite, alors y a une petite cachette là j'sais pas si elle y est encore, j'planquais mes premières bafouilles là-d'dans.
Ouais elle est encore là !!! C'est marrant.
J'ai tout fait là, j'ai fumé mes premières clopes, j'ai dragué, j'ai chialé aussi. Pi quand j'ai acheté cette baraque, enfin quand j'l'ai fait retaper, parce que y avait quatre murs, c'était juste pour être là, ouais non, c'est clair quoi ! Autour de mon centre.

LAURENT : Ça on comprend à peu près. Bon, explications là : on peut savoir pourquoi il y a une cabine téléphonique rouge made in London plantée en plein milieu du jardin ? Là, j'en ai vu des trucs ouf mais là genre, c'est la première fois quoi !!!! Oh ouais non c'est clair. Mais toi t'es tellement barré que t'as l'air de trouver ça normal...

JEAN : Moi ça fait dix ans que j'l'ai. Cette cabine, elle a une histoire. Non en fait, j'ai un copain (Faut qu'tu fasses

un truc un jour sur ce mec) qu'on appelle la Truffe, qu'a un stand à Clignancourt. Un personnage ce mec, une photo de Doisneau à lui tout seul... Il m'a déjà déniché des merveilles 50, des vieux juke-box, des choses très rares... Donc un samedi matin mon pote la Truffe m'appelle à six heures du mat. J'avais pas encore bu mon café, et moi quand j'ai pas encore bu mon café, faut pas m'parler, j'peux rien faire, genre radar quoi... Donc il m'appelle et il m'dit « Viens tout de suite, j'ai un truc pour toi ». J'prends un café, j'me pointe là-bas, et là j'hallucine. J'avais les yeux comme ça quoi... L'après-midi elle était dans mon jardin.
Tu vois, bref cette cabine, j'ai pas grand-chose mais ça vraiment... Un rêve de gosse quoi...

LAURENT : Des rêves de gosse depuis t'en as quand même réalisé pas mal. Cinq albums, raflage de trois Victoires de la musique, t'as même fait l'acteur dans *La Faute* le film de Rémi Arnoux, on a même dit de toi « le Phil Collins français ». Oui oui monsieur, j'ai mes sources ! T'as jamais eu la grosse tête ?

JEAN : Ouais c'est sûr quand y a les Mickeys qui t'attendent à la sortie des concerts, tu t'dis que t'es quelqu'un mais bon quand tu passes dans la rue avec tes lunettes noires et qu'au fond d'la cour tu vois, parce qu'y faut aussi savoir regarder, un p'tit bonhomme avec son clope qui fabrique une chaise avec ses mains, tu t'dis on est peu d'chose, puis quand t'as des gosses...

LAURENT : Justement je voulais en venir, bon enchaînement, merci Jeannot, tu as donc deux grands garçons que tu as eus avec ta première femme, Nadine, qui était ta choriste à l'époque. C'est Julien et puis Asharguin, vingt-trois et vingt ans, pi là, avec Zouzou celle que t'es avec maintenant, qui est là d'ailleurs, dans le jardin avec son caleçon, t'as eu ben... Lola, dix-huit mois. T'en as l'air raide dingue de ta môme ?

JEAN : Ah ouais non c'est clair quoi, attends, dix-huit mois c'est déjà une petite femme quoi, elle a tout compris, comment on a c'qu'on veut avec des grands yeux ça comme. Attends, elle drague tous mes potes, j'peux t'dire qu'ils sont tous tombés en amour pour elle... Maintenant quand ils passent à la baraque ils me voient même plus. J'me mets dans un coin de la pièce et quand ils ont fini j'leur dis « Ça va ? On peut boire un café ? » !

LAURENT : Et les deux grands ils ont suivi les traces de Papa ?

JEAN : Ben, Julien l'aîné, il s'est lancé dans la zique aussi, il m'a fait une chanson là sur le dernier album, il est doué ce salaud. Et l'autre c'est plutôt Internet qui l'intéresse là j'comprends moins mais bon, ça a l'air costaud c'truc. Non c'est tous les deux des gens bien quoi !

LAURENT : Là Jean, on va s'retrouver un peu plus tard dans ton salon à musique. Remarque, un peu obligés because grosse pluie. Hi hi hi !!!

(Ils retournent dans la maison)
On va ramener de la boue à la pauvre Zouzou, m'pousse pas hé tu m'cherches...
(Ils se battent en plaisantant)

Madame Cadinot

Oui maye, oh la laye pfff cinéma hein, oh l'travail, ça va pas mieux là-bas, mmm alora ma m...
Dites, dites, on a toujours le même gendarme non ?
C'est pas vous qu'était déjà là à l'accident à monsieur Soudé ?
Il m'semblait bien, est moi qu'avais téléphoné. Ça va pi vous ? J'suis dans ma crème alora ma m.
Fait chaud hein !
Ah bè oui on a l'habitude hein, on connaît, on connaît, cinéma hein pfff...
È la cinquième fois qu'a fait ça hein... oui cinq fois.
C'qui a, c'qu'a voudrait, c'est qu'on soye tous là autour de la maison là
« Ça va ti Sylvie, ça va ti mieux ? »
Moi j'y vais pas dites hein, pas qu'ça à faire, cinéma hein !
La cinquième fois qu'a fait ça hein...
Là, elle l'a pris deux tubes de médicaments, ça y a pas suffi hein.
A l'est là, avec sa robe à Dalida.

Cinq fois qu'a fait ça !
Ben, trois fois les médicaments, une fois les veines, pi la première fois était l'Paic citron, a l'avait avalé toute la bouteille, l'avait d'la mousse qui lui sortait par la tchulotte, on rigolait avec Jacqueline...

Oui mais, a sait pas s'qu'a veut hein !
È quand même pas compliqué que d'pas se louper !
Ben comment qu'il a fait monsieur Dévé d'Brametot hein ?
Il est allé à sa poutre avec sa corde, pi allez hop, on en parle plus hein !
Oui mais là l'cinéma hein ! Oh ! l'travail !
... Non, non a travaille pas, non.
Dites, comment qu'on faisait nous avant hein ?
A douze ans on travaillait déjà, pas l'temps d'boire du Paic citron.

Quand qu'a s'était taillé les veines, a l'avait son gosse qui lui courait après là, moman, moman !
Oui a l'a un fils, Mick, a l'était en cloque a l'avait quinze ans, ça y fait quinze ans au gosse.
A l'avait commencé à travailler, a voulait vendre les produits Avon...
A s'est arrêtée en plein milieu du stage.
A l'avait pourtant son père qui y prêtait la voiture, il est encore trop gentil lui il lui passe tous ses caprices hein.
Non non non l'a même pas son'permis... ptt.

Avec la voiture a pouvait très bien travailler l'matin pi s'occuper du gosse l'après-midi, était pas compliqué hein!
A seu n'n'est jamais occupée comme il faut d'toute façon du gosse, à trois ans a lui mettait des robes de fille, des bigoudis dans les ch'veux, a le laissait posé toute la journée sur son lit comme une poupée, cinéma hein, oui maye!
Le gosse maintenant il est un peu attardé hein, il va pas encore à la grande école hein.
Pi moi j'me d'mande même si il s'rait pas dev'nu un peu... hein... *(geste homo)*
Il met d'l'odeur à sa mère, ça cocotte oh la laye, faut qu'il s'change trois fois par jour hein...
Oui! tout ça pour aller sur la route, y a personne.
Il va pas faire une touche hein, hein, ça va y aller chez Michou. Cinéma hein!

L'aut'jour a l'était là, à ma porte la grande bourrique là, a voulait un couteau d'cuisine... Un couteau d'cuisine.
J'y fais, « Qui qu'tu vas faire avec ça Sylvie ? »
A m'fait : « Non rien è pour couper mon poulet » avec son air là, on y mettrait deux claques.
J'y fais « Où qu'il est l'poulet ? » hein voyais bien qu'a l'avait pas ram'né d'poulet, a l'est même pas capab de faire cuire une pomme de terre alora ma...
Ah bè j'y fais j'en ai pas moi. Dites qui c'est qui va nettoyer après, è vrai...

Ooooh bè sa mère était pas mieux, oh lalaye la traînée!

Oui maye, fallait la voir à la fête à Brametot, tout l'monde était là autour des manèges, personne faisait d'mal hein. A s'approchait d'un gars qu'a connaissait pas, hein, voyait bien qu'a connaissait pas, deux minutes après, elle lui roulait des pelles dans les autos-tamponneuses...
Oh pi a fermait les yeux là, d'vant la gamine, pi l'mari, cinéma!

A l'était pas maligne, mais quand qu'y s'agissait d'trouver un coin pour s'faire TRIPOTEY,
ça galopait là-d'dans hein. Pi après pas, è pas compliqué, a l'enlevait sa tchulotte pi allez hop a, a prenait sa giclaye.
Oh ba dites, dites, dites, è plutôt pour l'pé Sannier qu'est pas marrant.
Hein dites, pauvre bonhomme hein, avoir à la maison, une traînée, une suicidée, pi l'aut'pédé là, j'aimerais mieux être au cimetière moi, est vrai!

Hein, è pas étonnant qu'après, il s'fait des pâtes, il les met dans un torchon, pi allez hopa...
Vous voyez c'que j'veux dire...
Ah bè Jacqueline l'a vu à l'œuvre hein...
Bè il fait sa p'tite affaire tout seul là-d'dans tiens.
Après, un coup d'Paic, il rince, pi allez hopa, bon appétit la famille Sannier!

Joy

Elle sort de sa petite porte avec une petite serviette sur la bouche et parle du nez, du dé bèbe...

Oh ! Pardon.

Oh ! Pardon, excusez-moi mademoiselle, non, pas du tout, je suis ouverte entre midi et deux.

Non je terminais mon déjeuner...

Non non non pas du tout, ça ne va pas refroidir, non c'est une petite salade composée.

Pardon ?... Ah ! Dans le *Cosmo* du mois de mars ?

Ah ! Oui, on a eu beaucoup de presse hein sur ce produit, aussi bien au diveau des Etats-Unis.

Oui c'est bien ça, c'est bien Joyless, c'est donc une cure d'ampoules hein, qui agit sur vingt et un jours au niveau de la restructuration de la couche cornée. Excusez-moi c'est un tout petit peu technique, m'enfin si vous voulez c'est un produit qui assure une cohésion entre le derme et l'épiderme.

C'est bien hein, c'est très bien. Tout est à base de plantes hein y'a donc aucun souci d'intolérance, comme dans toute la gamme Joyline d'ailleurs.
Je suis Joy hein !
Oui c'est moi qui ai créé cette gamme de produits hein, tout d'abord au diveau des Etats-Unis et puis je suis rentrée à Paris depuis un an pour des raisons personnelles.
C'est pour vous ?
Non excusez-moi, je ne sais pas quel âge vous avez mais vous êtes jeude jeude jeude hein !
C'est un tout petit peu tôt pour vous, moi si vous voulez, c'est un produit que je conseillerais plutôt à des femmes à partir de quarante-cinquante ans, des femmes qui ont déjà un petit souci au niveau du sillon naso-génien, qu'ont un petit problème de fermeté au diveau de l'ovale du visage, c'est pas votre cas hein !
Non moi, si vous voulez, c'est un produit que je conseillerais plutôt à quelqu'un comme votre maman vous voyez, vous pouvez d'ailleurs certainement lui en toucher deux mots, de façon discrète...
Ah ! Je suis désolée, je ne savais pas que vous...
Non, excusez-moi, je connais bien ma gamme de produits hein, j'ai l'impression, enfin je crois hein que dans Joyline il y a des produits qui sont beaucoup mieux adaptés pour vous.
Vous faites des masques ?
C'est bien hein, par contre essayez dans la mesure du possible d'éviter toute la zone médiane hein.

Oui, c'est une zone qui est déjà gorgée de sébum, c'est donc pas nécessaire d'ajouter un film hydrolipidique supplémentaire hein !
Excusez-moi, je vous pose toutes ces questions mais j'ai besoin de bien vous comprendre, de bien vous cerner, c'est important hein !
Vous faites des gommages ?
C'est bien, par contre essayez, cette fois, une fois sur deux, de les faire uniquement au niveau de la zone médiane hein ! Toujours en remontant comme ceci, en évitant, bien sûr tout le contour de l'œil qui n'a quasiment aucune couche cornée.
On a un très bon gommage nous, Joyscrub, c'est bien hein ! Pour un effet starter, c'est très bien.
Sinon, rien ne vous empêche de faire déjà un p'tit travail au niveau de l'ongle, les Américaines font ça très bien. Avec le coffret Joynail, vous avez le kit pour bien dégager tout ce qui est cuticules afin de faire une sorte d'écrin à vos ludules.

J'suis désolée hein, je comprends, vous étiez attirée au départ par les ampoules Joyless, j'aurais pu vous les vendre, c'est mon intérêt de vous les vendre mais ce n'est pas mon but hein... Moi j'ai envie de vous revoir, j'ai envie de suivre la femme à travers les événements de sa vie, son cycle, ses naissances etc...
Non moi par exemple je vous verrais bien commencer avec Joymoon la nuit hein...
C'est bien hein, c'est très bien !

C'est amusant d'ailleurs c'est un produit dont j'ai changé un petit peu les dosages récemment, j'ai fait des erreurs, il faut savoir les réparer.
Oui, j'ai eu un grave accident, oui, je suis restée deux ans couchée, ça m'a permis de prendre du recul hein par rapport à mon métier. Non, j'ai un gros travail à faire ici en France, en France on a encore que deux mots en bouche, c'est peau sèche-peau grasse, j'trouve ça un peu léger hein. Non vraiment c'est bidon.
Non, j'ai fait des études avec des grands chercheurs au diveau des Etats-Unis moi je divise plutôt la femme en deux parties : la femme de mer et la femme de terre.
La femme de mer si vous voulez ce sont toutes ces femmes à peaux claires qui sont dans tous ces tons de eau, bleu, fer, mer, acier, glacier etc...
Et puis bien sûr la femme de terre, ce sont toutes ces nuances de miel, camel, châtaignes...
Vous êtes une femme de mer, vous, par exemple, c'est évident, c'est clair.
C'est drôle que vous n'ayez jamais entendu parler de tout ça, parce que j'ai été extrêmement copiée sur ce terrain, mais bon... c'est normal.
Ah non, j'ai encore un gros travail à faire ici en France.
Depuis que je suis rentrée, je trouve parfois les gens un peu, comment dirais-je, un petit peu cloisonnés, un p'tit peu short-minded hein comme on dit.
Vous avez entendu parler peut-être du crash aérien entre Denver et Los Angeles du 17 novembre 92 ?
J'étais dedans hein.

Oui, j'ai été l'une des plus touchées, j'ai les deux cloisons nasales qui ont totalement explosé, ça m'a permis de prendre du recul hein par rapport à mes produits...
C'est amusant d'ailleurs, je ne sais pas pourquoi, je vous sens tout à fait en osmose avec Joyline, tel que j'ai envie de le voir en ce moment, plus jeune, plus moderne, c'est amusant.
Vous êtes venue par hasard ?
Oh ! C'est drôle, oui c'est vraiment drôle, c'est amusant écoutez, alors nous sommes voisines, nous sommes à l'angle là avec mon mari qui est américain et puis mon grand fils de trente-deux ans.
Je l'attends là, il a une petite angine, il va venir chercher ses petits médicaments.
C'est curieux c'est un garçon, pourtant complètement bilingue, mais il se sent un petit peu seul ici.
C'est vrai en même temps qu'il a des activités un peu solitaires comme la bande dessinée et caetera, ce qui est un peu normal pour un Capricorne... enfin...
Vous êtes Cancer vous, non ?
Ah ! Poissons... c'est marrant je m'en doutais hi hi hi.
Ecoutez, je ne sais pas comment vous dire, vous m'êtes très sympathique, voilà j'ai envie de vous faire plaisir j'vais vous préparer un petit assortiment d'échantillons.
Je crois que le plus simple, puisque malheureusement je ne les ai pas tous sous la main, le plus simple ça serait que mon grand fils vienne vous les apporter, il est très sympathique hein, vous verrez c'est un grand rêveur, on a fait son anniversaire hier, j'avais acheté des petites dents

de vampire en plastique, c'est rien du tout, ça coûte trois francs, on s'est bien amusés avec ça tous les trois.
Vous avez envie d'avoir des enfants...
Je crois que mon grand fils ça lui ferait beaucoup de bien hein, ça l'calmerait.
Moi, j'avais encore une toute petite réticence, c'est vrai vis-à-vis des enfants, m'enfin là depuis mon accident, je n'ai plus aucune sensation olfactive alors je pourrais m'en occuper sans problème...
Voilà mademoiselle... ne dites pas ça, j'vous ai dit c'est une petite salade composée ça n'a pas r'froidi, au revoir mademoiselle, à bientôt!

Fréquenstar II

LAURENT : Alors Jean, on est là dans ton studio d'enregistrement, là où tu fais toutes tes maquettes. Y a du matos ici... Donc toi t'as été influencé en zique par des Chuck Berry, des Brel... T'as pas choisi les plus nazes.
Tu les écoutes toujours ceux-là ?

JEAN : Ouais ouais même si maintenant j'me mets au classique, tu sais si t'écoutes bien ces mecs-là, les Mozart, les Beethoven, ils faisaient déjà du rock quoi...
Ouais, Bach il fait du jazz.
Chopin c'est quoi ? C'est du blues.

LAURENT : A propos d'blues, merci pour le raccourci alors 90, petit passage à vide, plus d'nouvelles, personne savait où t'étais. Plus d'Jeannot quoi...
Alors, gros coup de blues ou genre juste pas envie quoi ?

JEAN : Non, ni l'un ni l'autre, j'crois qu'j'avais juste un peu l'blues et puis pas très envie quoi. J'étais cassé, pour te dire, j'buvais même plus d'café, j'avais envie d'me ressourcer et puis parfois l'métier...

LAURENT : Puis t'as fait un autre bébé là...

JEAN : Ah bon ?

LAURENT : ... Ton dernier disque hi hi hi !!!
Quatre ans pour l'écrire, huit chansons dont six nouvelles. T'as quand même, on va pas tous les citer, mais enfin t'as quand même Francky Donn aux percus... Grosse grosse pointure, et il est français, cocorico !!!
A la basse, Mike Alway qui a joué sur l'avant-dernier Bowie, rien qu'ça. Et à la guitare acoustique, grand grand bonhomme... Paul Osborne. Ils ont été complètement bluffés par ta musique ! Avant qu'on découvre le nouvel album, moi j'ai assez envie que tu nous chantes « Madame », grand classique 79, ton premier gros tube, grosse tuberie. Allez, personne nous écoute là, on est tous les deux, allez c'est ma préférée ! On est tout seuls !

JEAN : Bon attends, j'sais plus, j'te garantis rien j'ai pas chanté depuis vachement longtemps. Hi, hi, hi... J'sais plus si c'est en bémol.

LAURENT : Ha ha ha !

JEAN : *(Il chante s'accompagnant au piano)*
Madame, pourquoi t'es pas là Madame ?

T'étais ma Madame. Sans toi, sans toi.
J'donne des coups d'pied dans des boîtes en fer-blanc.
J'ai cassé tous mes Lego.
C'est certain y'a pas photo.
Pourquoi t'es pas là Madame ?
Voulais pas en faire un drame.
Sauf que moi, ben tout seul, j'rame.

(Il se lève)

J'ai pas vidé mes cendriers.
J'ai balancé mes coffres à jouets.
A jouer trop fort, on s'brûle pour elles
Mais ma Madame l'avait des ailes.
Quand t'es pas là, moi plus sommeil.

Madame Madame Madame
Madame Madame Madame
Madame Madame Madame
Et caetera....

LAURENT : Ah ouais, que ça l'fait encore grave quoi...
Gros gros kif !!!
Ouais non c'est clair quoi.
Quand on pense que t'en as vendu trois cent mille, magnifique !!!
En attendant le dîner qui va être top, ça sent d'ici la daube aux oignons confits de Zouzou, j'ai envie de parler de choses sérieuses.

Alors 88, on te voit chanter avec les Enfoirés pour les restos, t'es plutôt discret sur ce que tu fais pour les grandes causes, les trucs comme ça.

JEAN : Bè ouais moi quand j'fais des trucs, j'le crie pas sur les toits.

LAURENT : Ouais c'est bien et alors dis-moi, Jean, j'ai vu qu'on avait l'même *(il désigne son ruban)*, qu'est-ce que tu penses du sida toi, avec ta propre vision, ta vision d'artiste ?

JEAN : J'voudrais pas dire de conneries...
J'suis contre.
Pi j'ai surtout peur pour les Mickeys quoi. J'pense aux gosses quoi. Quand j'vois ma môme, j'lui en parle déjà.
J'peux t'dire qu'à dix ans, les capotes elle saura c'que c'est.
Pour l'instant elle croit qu'c'est des ballons, c'est bien qu'les gosses rêvent encore...
C'est pour ça qu'j'ai envie de la protéger le plus longtemps possible.
Ici c'est pur, y a qu'des vaches et des paysans, il peut rien lui arriver...
Pi au moins quand elle sera grande, quand j'lui demanderai de dessiner un poisson, ça s'ra pas un carré Findus...
Il aura une petite tête, et une queue.

LAURENT : C'est joli c'que tu viens de dire.

JEAN : Une tête, et une queue, comme son père...

LAURENT : Une tête, et une queue, comme son père, t'es con toi ! Ah c'est malin !

JEAN : Et après, tu sais c'que j'te fais ?
Un p'tit Irish coffee !

LAURENT : T'es ouf!!!!

Carte bleue

Lolita, couchée sur un lit.

Elle est vieille ta femme ?
Non pour rien...
T'es sûre qu'elle va pas rentrer ?
Tu t'rends compte, j'suis plus jeune que ta fille...
Quand j'avais douze ans, j'avais déjà envie d'toi, c'est bizarre.
J'avais des toutes petites fesses comme ça, comme le cadre en argent sur la table de nuit avec ta femme dessus.
J'arrive pas à reconnaître, c'est Habanita ou Shalimar ?

Elle se cambre pour regarder.

C'est tes fils là sur la photo ?
Ils te ressemblent.
Tu m'les présenteras ?
Arrête de r'garder mon cul...

Elle se lève.

Tes voisins ils voient tout chez toi.
Tu crois qu'ils nous ont vus ?
Tu peux r'brancher l'téléphone, j'dirai rien.

Elle se regarde dans le miroir du dressing.

Oh là là, j'ai grossi, j'suis énorme.
C'est d'ta faute, tu veux toujours m'inviter au restaurant pour me montrer toutes tes cartes bleues.
Tu veux toujours que j'mange des glaces.

Hannnn, tu joues au golf ?
... Tu trouves pas qu'ça sert à rien ?
Haaaan, ça t'fout pas l'cafard quand elle met des capes ta femme ?
T'as pas envie d'l'étrangler ?

Pourquoi elle a encore des tampons si elle s'en sert plus ?
Arrête de faire la gueule écoute, pourquoi tu fais la gueule ?

Elle retourne vers le lit.

C'matin j't'aimais bien mais c't'après-midi tu m'énerves.
Mais arrête, tu penses qu'à ça, t'es obsédé !
Moi, j'suis crevée...
Ben c'est crevant l'école.

Tu sais c'qu'on fait avec Juliette quand on est crevées ?

On sort d'Esmod à quatre heures au lieu d'six, on prend le bus, on va chez Angélina, on s'commande trois gros gâteaux chacune, on s'en met partout, on écoute les vieilles parler, on s'fout d'leurs gueules.

On demande aux serveuses des kiwis pressés, on leur fait croire qu'y en a dans tous les cafés, on est explosées…

J'ai une fête ce soir, j'sais pas si j'y vais.

Tu veux qu'j'y aille ?

Tu sais, si tu veux tu peux venir.

Ah ben non j'suis con, y aura sûrement ta fille hi hi hi !!!!

Oh non, enlève ton pull, j'préfère quand t'es en cravate.

Allez, attends, bouge pas, reste comme ça avec ton pull en l'air…

Ahhhhh, tu ressembles à ma grand-mère, c'est incroyable.

J'avais jamais remarqué. J't'assure, j't'apporterai une photo.

C'est incroyable.

Remarque si ça s'trouve j'suis ta fille…

Claude, les deux dents blanches là devant, c'est des vraies ou des fausses ?

Mais non j'dis ça comme ça, j'aime bien moi !

J'aime pas quand tu dis rien.

Haaaan, ma grande sœur elle a une copine qu'attend un bébé, elle a pris vingt kilos, elle est affreuse.
T'aimais bien ta femme quand elle était enceinte ?
Ça te dégoûtait pas ?
C'est trop vieux, tu t'en souviens plus hi hi hi !!!
Qu'est-ce que tu ferais si j'étais enceinte ?

Elle se contorsionne et regarde par terre.

Ha ha aha, tu sais c'que j'viens d'voir ?
Ha ha ha ha, c'est tes chaussons sous ton lit.
Arrête de r'garder mon cul quand je ris hi hi hi !!!

J'te vois plus, tu t'rases hein ?
Mais oui j't'embête pas, oh...

Allô, non bonjour madame, est-ce que je pourrais parler à Juliette s'il vous plaît ?
C'est Judith, Juliette.
... Ouais, ouais... Mais t'es folle, pas maintenant faut qu'j'repasse chez moi.
Ben non j'suis chez Claude.
Il fait ses mots fléchés.
Ou alors tu m'prêtes ta veste en velours noir...
Hein ?
Vous pouvez pas m'attendre ?
Mais attends, j'aurai jamais l'temps, là faut qu'j'traverse tout l'boulevard Saint-Germain, que j'prenne la rue du...

Elle se lève.

Claude, j'suis obligée d'y aller… J'peux pas, j'ai pas l'temps, faut qu'sois rue du Sabot dans trois minutes.
J'peux pas faire autrement, j't'embrasse.
Ben toi non plus tu t'embêtes pas, tu vas aller chercher ta mère heu j'veux dire ta femme à la gare.
Qu'est-c'que tu vas lui dire que t'as fait aujourd'hui ?
Ah ben ouais… Bonne idée mais faut qu'tu mettes un peu de terre sur tes chaussures.
C'est fatigant hein le golf dix-neuf trous…

PPDN II

Pour Martin afin que dans son choix de métier artistique il ne s'égare ni dans la passion ni dans l'ambition. Afin que dans l'activité de peinture en trompe l'œil qu'il a lui-même choisie, il puisse réussir sans jamais perdre de vue ceux qui se trouveront sur son chemin et auront besoin de lui, prends pitié de nous.

Pour notre petite Marion née avant-hier. Marion, nous t'accueillons dans la grande famille du Seigneur avec encore plus d'attention et d'amour. Nous souhaitons que toi, née différente, tes parents sachent t'accueillir comme un cadeau de Dieu et non comme une épreuve. Bienvenue Marion, nous tâcherons de savoir nous montrer dignes de toi et de tes différences, prends pitié de nous.

A Laurence dont le premier livre pour enfants va sortir cette semaine. Afin qu'à travers le personnage de Moutsi, et ses aventures pleines d'humour et de tendresse, elle puisse transmettre ses valeurs de fraternité et d'amour et donner ainsi une impulsion nouvelle à sa vie familiale dans l'attente de Vincent, souvent retardé par ses lourdes responsabilités professionnelles, prends pitié de nous.

Joseph

Joseph entre en enlevant sa grosse écharpe rouge.

Ben oui, c'est Joseph, t'es visible ?
Oh dis donc il est con ton code il change tout l'temps.
Ça fait cinq minutes que je suis en bas, j'me pèle.
Attends j'arrive du train là... Ben dans ma cambrousse, tiens.
J'en ai ras le bol de la mode j'bosse trop.
T'as vu mes pompes ? Ben non c'est d'la boue, c'est naturel.
J'aime bien quand t'as ce peignoir.

Tu veux pas des chiots ? J'en ai encore douze.
Ben elle m'en a fait quarante en trois ans ma Rita.
La Simonetta elle est venue samedi après-midi avec sa vieille copine Mado, elle m'en a pris cinq, elle a choisi les plus moches elle est folle des pieds celle-là...
Elles arrêtaient pas de s'engueuler toutes les deux on aurait dit Joan Crawford et Bette Davis, j'adore !

T'as pas encore acheté le *Elle* de c'matin ? Mais qu'est-ce que tu fous ?!
Ben tiens on a fait la couv' avec la Deneuve, j'adore.
Non j'suis content, j'veux l'appeler,
déjà d'puis ce matin j'veux l'appeler.
A la gare déjà j'me disais j'l'appelle - j'l'appelle pas ? Ben non j'me suis dit Joseph attends, on réveille pas une actrice à huit heures du mat...

J'adore la gare d'Austerlitz, j'adore cette gare le lundi matin j'adore !

Tu parles, j'ai pas dormi, j'ai terminé la bio de Mary Pickford dans mon wagon-lit. Oh lô lô j'adore ! Quelle bonne femme ! J'adore ce genre de bonne femme, j'adore !
Grande maniaque encore celle-là. Elle se faisait envoyer des coquelicots frais d'Birmanie pour faire elle-même son rouge à lèvres, attends j'adore !
Puis alors question fringuos, c'était pas de la rigolade hein, d'une élégance...
Rien à dire.
Qui ? La Deneuve ? T'es folle des pieds, toi, je l'ai mise toute simple en Saint Lolo ! Ben oui forcément très bien coupé.
Attends grande maison, grande maison Saint Laurent !
Je lui ai collé un tailleur d'homme avec des pompes de pute, magnifique.
Une en vison, pieds nus.
Attends, tu mets pas des chaussures avec un vison.

En plus, elle a des pieds sublimes, y'a pas de hasard hein... Et une double en fourreau Saint Lolo avec des pompes de jardinage.
Insolente, comme ça bien spéciale j'adore j'adore...
J'adore cette bonne femme. Oh là là j'étais impressionné !
Elle a la classe, hein, très bien, rien à dire...
Puis alors elle est comme moi, elle adore bouffer.
On s'est fait livrer au studio d'la viande saignante avec une bonne bouteille, pas d'chichis j'adore.
Grande bonne femme !
Attends elle a filé ses boucles d'oreilles perso à Malika, ma nouvelle assistante là, la fille d'Aïda, elle en a pleuré la gamine, elle savait plus quoi dire.

T'as pas des clopes ? T'as pas une clope ? J'adore cloper surtout l'matin.
Ouais bon qu'est-ce que j'fais ? J'l'appelle ? J'l'appelle pas...

J'me suis acheté le dernier Dutronc j'sais pas si j'aime faut que j'réécoute.
Qu'est-ce que tu t'mets c'matin ?
T'es folle des pieds t'as encore dix ans à attendre pour être au top.
Moi j'aime pas les gamines ça m'intéresse pas.
C'est à cinquante ans qu'elles sont belles les bonnes femmes, m'enfin, tout l'monde le sait.

Ah ouais ouais ouais, il te gonfle celui-là hein ?
J'vois bien, ça fait six mois qu'il te gonfle !

Attends mais j'le connais même pas ton Fred ! J'l'ai vu deux fois, il a l'air sympa. Non mais il a vingt-cinq ans, c'est tout, rien à dire…

Quoi ?… T'es folle des pieds, t'as pas une autre connerie à raconter ?
Oh lô lô celle-là j'l'adore, il y a quinze mecs qui sont fous d'elle et elle est là à flipper pour un fils à papa en Nike.

Déjà tu changes de shoes ça va pas ! Elle est folle des pieds celle-là, des cannes comme les tiennes faut les montrer ou alors faut pas m'demander, de toute façon moi j'aime que les pompes de pute.
Attends t'es pas à la fac, ah non ce genre de fute j't'assure ça fait Jussieu.
Ça dépend, si tu préfères rester traîner avec tes vingt-cinq-trente faut que tu restes comme ça…
Ah je vous imagine là, en tee-shirt gris chiné avec vos Timberland en train de rechanter vos vieux génériques de séries-télé, chacun dans son pot d'Häagen-Dazs oh lô lô la déprime.
Mais j'sais bien mais franchement j'préfère encore quand t'étais avec ton vieux, lui au moins il était marrant.
D'toute façon les mecs végétariens j'trouve ça louche.

Dis donc ta vieille culotte elle a fait du saut à l'élastique ? T'es folle des pieds t'as pas un pètt de cellulite !

J'peux te dire que j'en vois des tops à poil toute la journée, des Carla, des Sandra, des Bruna... des filles qui pèsent douze kilos et qui sont bourrées de vergetures.
Et puis d'toute façon on s'en fout, quand on est toi on s'en fout d'tout ça...

Attends, les collants opaques tu peux les garder pour faire briller tes chaussures ça fait deux ans qu'ça s'fait plus.
Là c'est très bien !
La ceinture t'enlève, allez hop faut simplifier, pas de chichis ça sert à rien.
Là rien à dire, très bien !
Ben justement ma vieille c'est le lundi matin qu'il faut être sublime on t'a jamais appris ça ?

Ben non tu m'laisses là, j'claquerai la porte.
Attends j'vais pas r'passer chez moi j'ai pas l'temps...
Ah non ça j'vais pas m'emmerder, t'as toujours des trucs toi dans ton frigo...
Moi quand j'clope pas, faut que j'bouffe, j'adore bouffer.

Attends, elle met un foulard discrètement celle-là...
Tu sors pas avec ça, t'es pas José Artur...

Ok, tchao, ouais ouais toi aussi... *Il l'embrasse.*
Elle est folle des pieds celle-là.

Il prend le téléphone.
Allô c'est Joseph, j'vous réveille pas ?

Ah moi aussi j'suis content, j'adore, tout ce que j'aime…
On a bien fait pour le pyjama, non ?
Non là c'est bien, on vous retrouve comme on vous aime, classique, bourgeoise, un peu salope j'adore !
Et puis dites donc merci pour la gosse, je suis sûr qu'elle dort avec ses boucles d'oreilles… Oh oui elle est très bien, j'la garde celle-là, j'lui ai appris l'métier.
C'est la fille de ma femme de ménage, très bien élevée la gamine, ça fait six mois qu'elle est dans la mode, elle a déjà tout compris.
C'est bien, faut assurer la relève…
J'voulais vous dire que vous étiez une grande bonne femme, voilà c'est tout, j'l'ai dit.
Il raccroche. Tiens elle est folle des pieds encore celle-là, j'adore !

La violée

Elle est assise, les pieds ballants, un foulard sur les yeux, face public.

Ils m'ont euh... d'abord proposé du chocolat, mais comme je suis allergique au nickel, j'ai dû refuser.
Ensuite, ils m'ont suivie dans la rue du Gros-Horloge, après j'ai tourné à droite aux Dragées Martial, ils ont continué à me suivre, ils étaient trois, environ entre dix-sept et vingt-cinq ans maximum, ils sont passés chacun leur tour.
Comme j'ai des problèmes de circulation, j'avais tout le temps froid au bout des doigts, au bout du nez, au bout des doigts de pied.
J'ai remis mon collant.
Je ne me suis pas laissé faire, je suis allée crever les pneus de leur voiture.
J'ai pris le numéro d'immatriculation, je suis allée au commissariat... avec la plaque.
Ils ont gardé mon collant, ils m'ont posé des questions, ils m'ont demandé si j'avais eu des rapports avant les selles ou après les selles...

Après j'étais en congé maladie, j'ai pris trente kilos, pourtant je mangeais rien, rien du tout, que des escargots.
Ma mère n'a pas voulu que je porte plainte, alors j'ai changé de région.

Je suis allée dans la région de Grenoble où j'ai trouvé un emploi dans une école maternelle au service nutrition.
Là, j'ai rencontré Joël, qui travaillait aux cuisines.
Avec Joël nous avions de grands projets d'avenir.
Un dix-sept novembre, vers dix-huit heures, je sortais de mon travail, il faisait déjà nuit.
J'avais euh... deux grosses poubelles dans chaque main.
Un homme m'a abordée, il m'a demandé des renseignements sur les tarifs de la cantine.
Je me suis retournée, cette fois ils étaient quatre, un peu plus âgés, pourtant ils avaient l'air gentils, il y en avait même un qui ressemblait à Florent Pagny.
Ils m'ont mise dans les cartons, après ils m'ont insultée.
Ils m'ont traitée de salope, de grosse morue et de sac à merde.
Quand je suis rentrée Joël ne m'a pas crue.
Il m'a traitée de menteuse et de putain.

Alors j'ai changé de région, je suis allée dans la région d'Amiens, d'abord dans un foyer, mais comme j'étais la seule fille, je restais enfermée toute la journée dans ma chambre.
Depuis j'ai rencontré un groupe de réflexion... qui n'a rien à voir avec une secte.

Le responsable du groupe nous filme avec une caméra vidéo, deux fois par semaine.
Nous avons le choix de nos partenaires.
Comme je suis allergique au nickel, je suis dispensée des travaux de réfection de nos nouveaux locaux.
Je suis donc préposée à l'envoi de ces cassettes dans la région d'Hanovre en Allemagne.
Les bénéfices des cassettes servent à assurer notre intendance.
J'ai coupé les ponts avec ma famille.
Depuis j'ai trouvé un équilibre.
Si j'ai choisi de paraître masquée ce soir c'est afin d'éviter les regards désobligeants, voire sarcastiques, de mes contemporains, rapport aux rapports que j'ai eus, et qui, par la force des choses, ont engendré certains traumatismes dont je tairai le nom.

La mère de famille

Elle est à table.

Dis donc c'est pas donné une clarinette pfiou pfiou pfiou...
Le p'tit Christophe là, le fils des Brière, ses parents sont justes hein pour lui offrir ça!

Tu t'rends compte, il était pas assez bon en maths, ils l'ont mis en classe de transition.
Pas d'sa faute si il est pas bon en maths tu comprends, pas qu'les maths dans la vie!
Y en a qu'pour les matheux maintenant.
C'est pas parce que t'es bonne en maths... Non non Armelle, c'est pas parce que ça t'semble facile que ça l'est pour tout l'monde!
C'est pas forcément les matheux les plus intelligents hein...
Ah les maths, le commerce, ça oui! On entend qu'ça!
Un peu d'poésie dans la vie, penser qu'à ça, j'peux pas supporter ça... *Elle pleure.*

Elle se reprend.
Ah ça m'a fait plaisir de voir Frédé cet après-midi !
Avec son nouveau mari réunionnais elle est en pleine forme là, épanouie...
Et puis son mari là, marrant comme tout, chaleureux, il est noir noir noir noir noir, du plus beau noir.
Il est gentil gentil, tout simple, gentil, chaleureux chaleureux.
Il a le contact facile hein, tu t'rends compte, la première fois qu'il m'voyait il m'a appelée par mon prénom, il est marrant comme tout, chaleureux chaleureux...

Tu sais qu'dans son pays la vie est pas facile hein....
Quand j'pense que dans son pays, y a des gens qui crèvent de faim, j'suis encore allée chez Codec ce midi, y a des rayons entiers de bouffe pour chien là, pour chat, bébêtes à sa mémère ! J'peux pas supporter.
Ça m'choque, ça m'choque c'est indécent ! Consommation !!!!

Mais oui y a d'la tarte aux pommes, elle est encore au four.
Dis donc Virginie, t'as rendu tes bouquins à la bibliothèque ? Ça fait trois mois qu'tu les as.
Tu crois qu'y a pas des enfants qu'ont envie d'les lire toi ces bouquins ?
Egoïste, égoïste, pas croyable !
Ils sont sur ta table de nuit depuis trois mois, tu les as même pas lus !

Quand j'pense à tous ces enfants qui vont à la bibliothèque qui en ont p'têt besoin pour leurs devoirs...

Elle repleure.
Pas rendre des bouquins à la bibliothèque, j'peux pas supporter !
Tu crois pas qu't'en as assez des bouquins dans le bureau pour qu't'ailles monopoliser trois bouquins à la bibliothèque municipale.
Egoïste !
La p'tite Sophie là, la fille des Sannier là, qu'a vendu des autocollants tout l'été pour se payer une semaine de vacances à trente kilomètres d'ici, tu crois pas qu'elle a envie d'les lire toi ces bouquins ?
Tu crois qu't'es la seule ?

Tu peux couper la tarte Michel s'il te plaît ?

Quand j'pense à Carmen qu'est obligée d'aller emprunter un anorak pour aller faire du ski de fond, que j'vous vois laisser pourrir une paire de chaussures dans un sac plastique...
C'est moisi là-d'dans, dégueulasse !
Oui Caroline, oui Caroline !!! J'ai retrouvé sous ton lit un sac plastique avec une paire de chaussures toute neuve !
Vous vous rendez pas compte hein, vous vous rendez pas compte...
Engraisser les commerçants là... Consommation... J'peux pas supporter !

Elle se lève et revient.

Ça y est, y a plus d'Gavottes.
Passer son mercredi après-midi à bouffer trois paquets d'Gavottes dans la chambre !
Y en a plus pour demain !
Y a Michel et Annick, François et Françoise Blondel, les Brière qui viennent dîner, on est dix, j'ai fait une glace, y a plus d'Gavottes...
Eh ben tu prends ton vélo, tu t'débrouilles !
Bouffer trois paquets de gâteaux dans sa chambre, j'peux pas supporter !
Tu t'débrouilles, j'veux pas en entendre parler.... Et puis même si elle est pas aimable, ben tant pis pour elle, elle est commerçante c'est son métier...
Les plaquettes de beurre à seize quatre-vingt-dix là !
De toute façon tout est toujours périmé chez elle !
Cet été j'ai acheté quatre tomates, sur les quatre, trois pourries, trois !
On ose rien dire, alors tu sais pas d'scrupules hein...

Le semaine dernière, la fille des Leblanc, Aurore, la dernière, la p'tite mongolienne, mignonne mignonne comme tout, gentille, gentille.... Elle est allée toute seule à l'épicerie pour la première fois, avec sa p'tite pièce de cinq francs, vous savez c'qu'elle lui a donné ?
Elle lui a donné trois vieux Malabar, tout fondus, tout collés !
Ça m'a crevé l'cœur...

Elle était toute triste, elle se faisait une joie, elle voulait choisir elle-même, avec sa p'tite liste là !
Ils sont méchants ces gens-là ! Commerçants !
Profiter comme ça des gens ! Le commerce j'peux pas supporter.

Ça y est, ah ben y a plus d'tarte ! Vous avez bouffé toute la tarte, vous avez vite fait hein ! Une tarte pour dix personnes !
Morfales là !
Vous auriez pu en laisser au moins une part pour monsieur Hulcourt qui vient demain matin !
Vous n'y avez pas pensé hein !
Partager là c'est pas possible pour vous ? Hein, c'est pas possible !
Il se lève à cinq heures du mat, il vient à la maison pour lever les taupes dans le jardin, j'lui donne un bol de café, il aurait bien aimé avoir un tout p'tit morceau d'tarte là...
Même un tout p'tit bout.

Si, si, si, je l'ai dit avant l'dîner, seulement vous étiez toutes là à écouter votre disque là, toujours le même, pénible !
Vous savez combien il les vend ses peaux de taupes ? Dix centimes, dix centimes pièce, faut qu'il en tue des taupes pour gagner sa vie hein !!!
Et puis vous êtes toutes là à glousser là, tout ça parce qu'il lui manque un pouce, vous croyez qu'c'est marrant vous ?
Vous êtes mauvaises hein...

Elle leur montre une main sans pouce.

Ah oui c'est drôle hein...
J'peux plus, j'peux plus, j'peux plus supporter, moqueries permanentes !
Pas facile hein, vous êtes dures, vous êtes dures... moqueries permanentes.

Bon, vous débarrassez la table là...
Vous vous débrouillez, on a fait un calendrier, j'veux pas l'savoir...
Regarde-moi ça Caroline, y a un gros bout d'viande sous ta chaise !
Gaspillage...
Merde ma lentille ! Merde !

Ah j'ai perdu une lentille maintenant !
Mais marche pas n'importe où là, j'ai perdu une lentille !
Vous pourriez m'donner un coup d'main !!!
Ah là là, en une semaine une lentille et un bridge !
Engraisser les toubibs là !
Ah j'vois plus rien !
J'peux plus supporter.
Arrêtez d'vous disputer ! Arrêtez d'vous disputer, j'peux pas retrouver ma lentille comme ça moi.
Y a la réunion, ils vont tous arriver...
Partir mardi, puis revenir mercredi, dentiste, solfège, chercher, rechercher...

Armelle, Armelle, on frappe là, va ouvrir la porte, va allumer la lumière extérieure !

Bonjour Nicole, ça va Guy ?
Oui oui ça va très bien ! Bonjour Denise !
Ça va, j'suis fatiguée c'est tout, ça va Geneviève ? Jean ça va mieux ?
Il recommence à marcher ? Ça doit être pénible pour lui, lui qui est si actif là, si dynamique ! Avec sa jambe cassée...

Elle repleure.
C'est pas marrant hein...

J'aime beaucoup ces couleurs là sur ton foulard, on dirait du Matisse.
C'est fabriqué en Inde ?
J'peux pas, j'peux pas cautionner un pays qui tue les petites filles à la naissance.
Faut boycotter ça, Simone faut pas l'mettre, même si t'as froid.
Mettre un foulard fait par une p'tite fille qui ira jamais aux sports d'hiver de sa vie j'peux pas...

Elle rerepleure...

La Canadienne

Elle est assise sur le bord de la scène et s'adresse au public avec un fort accent canadien.

J'sais pas c'que j'ai là tout suite, une espèce d'angoisse qui m'prend là…
Un p'tit nœud comme on dit.
Tout ça est… tellement neuf !
C'est d'jà pas bien facile de dire quand ça va pas…
Même si on est toutes là pour ça.
Mais j'crois qu'c'est encore plus difficile de dire quand ça va mieux.
Ça va mieux.
Oui.
Oh j'dis pas qu'j'suis rendue mais j'ai comme l'impression d'être au bout du tunnel.
Pi j'tenais à vous l'dire, pi à vous dire… merci, voilà.

Merci à vous toutes d'vous être exprimées d'la sorte, chacune avec son handicap.

A toi Line, où t'es Line ?
Hantée par cet espèce d'exhibitionniste qui rôdait dans ton district.
Pi toi Diane, avec ta frigidité dont tu parles si bien...

Pi toi Suzanne, pi tes ennuis d'poids, pi moi aussi, toujours prête à sauter sur n'importe quel type, pour tromper ma solitude, collectionnant les vaginites.
A toi Yvette, pis enfin à vous toutes qu'avez eu la vaillance de dire.
« Je suis... différente. »
Pi j'ai un p'tit peu envie d'vous conter une p'tite anecdote, qu'est toute bête, mais qu'en dit long...
C'était y a deux ans, juste après mon divorce, j'étais pas bien joviale.
Pi l'institutrice de mon p'tit Luc a vu ça.
C'était sans doute inscrit en gros sur ma tête.
Elle m'a dit « Ça va pas ». Bè j'ai dit « Non, ça va pas ».
Pi elle m'a noté un numéro, sur un p'tit bout d'papier, bleu...
Qu'est d'abord resté traîner une bonne semaine dans la poche de ma canadienne.
Pi c'numéro, c'numéro... oh pas la peine de t'cacher va Suzanne...
C'numéro ben, c'était l'tien, pi j't'ai appelée, pi tu m'as répondu, pi non seulement tu m'as répondu mais, mais t'es même venue me trouver côte des neiges, avec tes raquettes.
Tu t'en souviens ?

Tu m'as parlé avec des mots tout simples pi enfin tu m'as dit, qu'est-ce tu m'as dit, tu m'as dit ?
Viens.
Pi j'suis v'nue là. Voilà.
Enfin tout ça pour vous dire que samedi matin ben j'sais pas bien c'qui m'a pris.
Ben quand j'ai vu l'soleil entrer par la fenêtre, j'ai éclaté d'rire, j'suis bête...
Pi j'ai vu mon p'tit Luc, avec son p'tit bec tout ensuqué d'sirop d'érable qui m'a dit, « Ça m'plaît bien Moman quand tu ris comme ça... »

Voilà, pi avant d'te laisser la parole Diane.
Ben quand j'nous vois là, toutes réunies, pi bein soudzées hein.
Ben j'ai un p'tit peu envie d'contredire Fabienne Thibeault, pi d'dire qu'au bout du compte, on se rend compte qu'on est...
... Jômais toute seule au monde !

Elle chante.

On parle, les unes avec les autres.
On souffre les unes, pi parfois les autres.
On se rencontre tous les jeudis.
On se raconte et on en rit, surtout toi hein...
Mais au bout dzu compte, on se rend compte, qu'on est ?

Jômais, c'est bien !
Jômais toute seule au monde.

Ta djeule

Non, non, arrête Jean-Claude, fais pas chier!
Non, non j'rent'pas là-d'dans!
J'm'en fous j't'attends là.
Mais j'fais pas d'mal, j't'attends là non mais oh dis, dis, dis!
J'te respecte, tu me respectes...
Non, j'rentre pas là-d'dans!
Y va pas t'es con!
Viens, mais viens, j'te paye une Mort subite!
J'ai les sous!
Tu vas t'faire chier hein, après tu peux pu sortir, attention, fini, hop!
J'vais pas aller m'faire chier là-d'dans moi.
Non mais oh dis, dis, dis...

Ta djeule toi, ta djeule j'ai baisé ta femme!!!

Moi, j'connais, j'y a d'jà été.
L'aut'salope d'assistante sociale là,

elle m'a donné une place pour aller voir *L'Avare.*
Elle m'a dit, tu vas rigoler.
Pfff, tu parles...
Tu rent'là-d'dans, des djeules de tchu d'vant un rideau, bougent pas là pppp...
Oh dis, l'rideau y s'ouvre, des djeules de tchu encore pire !!!
Les gars là-d'dans, les perruques, les talons, les nœuds-nœuds...
Des vrais pédés, j'suis pas un pédé moi, nuance, j'aime encore mieux m'faire entchuler, tiens.

Ta djeule toi, ta djeule j'ai baisé ta femme !

Pi alors, s'écoutent parler là-d'dans...
Tout ça parce qu'ils ont des perruques,
alors là attention là, fiou fiou fiou, Monseigneur le Pape...
L'aut'gros pédé avec sa moustache là, y tournait pendant une heure autour de la fille là,
l'aut'allumeuse avec ses nichons « Que vous prie, que vous prierais-je »...
Non mais oh dis, dis, dis, tu la baises ou tu la r'tournes ?
On va pas s'faire chier non !

Pi l'autre vieux con là, l'autre idiot, avec son bonnet d'nuit « Ma cassette, ma cassette, ma cassette »
Oh dis dis dis, ta djeule t'es assis d'ssus.

Ta djeule, ta djeule j'ai baisé ta femme !

Oh dis, j'en avais plein l'tchu, d'leur connerie d'cassette là
J'fais oh ! j'me casse moi !
J'sors, y f'sait nuit dis, trois heures là-d'dans, malades les gars !
J'voulais prendre une Mort subite, Mauricette fermée, Dodophe fermé, tout fermé !

J'rent'chez moi, j'ouvre la porte, y avait Jean-Claude !
Pas toi un aut'Jean-Claude...
Il avait baisé ma femme !!! Oui ! Pendant qu'j'étais avec l'autre gros pédé là...
J'y fais, toi tu touches pas, j'te casse la djeule.
Y prend son couteau, il me le fout là, là, là r'garde,
(Il montre ses cicatrices) r'garde r'garde !
J'aime pas l'théâtre !

Danse sur Bratsch

SPECTACLE N° 3

Valérie Lemercier aux Folies Bergère

Septembre 2000 - Avril 2001

Puis en tournée et à l'Olympia

La chirurgie

Elle est assise sur un lit, une petite couverture sur elle, la bouche complètement de travers.

Oh ! Jacqueline, comme c'est gentil, tu n'aurais pas dû, tu es folle, elles sont magnifiques ! On va demander un vase à la petite infirmière...
Ecoute, ça c'est très bien passé ! En fait c'est rien, c'est rien du tout, toute l'équipe a été adorable, Boutonnat est passé en coup d'vent, il avait l'air très content...
... Eh bien tu sais, comme prévu, ils m'ont d'abord prélevé un morceau de bras qu'ils m'ont, dans un deuxième temps, réinjecté dans la mâchoire pour remonter tout le bas du visage.
C'qui est formidable, et ça, ils me l'ont promis, c'est que je n'aurai absolument aucune cicatrice...
Le seul petit souci maintenant, mais bon, faudra vraiment avoir l'œil dessus, c'est que je garderai un bras légèrement plus grand que l'autre *(Elle lève les deux bras, l'un est plus petit),* tu vois ça a l'air d'aller...

Je n'ai pas pu voir, ils ne mettent pas de miroir dans ces salles de bains.
J'ai appelé Reims, où il fait gris gris, gris, j'ai eu André, j'lui ai dit qu'on était chez toi tranquillement toutes les deux, qu'on allait faire nos petites courses, que tu l'embrassais, je lui ai dit que tu m'emmenais chez ton coiffeur cet après-midi, le pauvre il a eu peur, je lui ai dit non, non, rassure-toi, juste les pointes.
J'ai été parfaite... Ah oui ça j'aurais pu faire du théâtre moi, oh oh, oh, oh, oh, ne m'fais pas rire Jacqueline écoute, oh oh oh oh...

Oh non mais ça va mieux qu'hier, c'était épique. Tu m'aurais vue sortir du train avec mes vingt mille francs planqués dans la doublure de ma jaquette de laine, j'étais folle. Ah ça ! J'étais soulagée d'arriver à la clinique.

Mais Jacqueline enfin, je n'allais pas faire un chèque à l'ordre de Boutonnat, André se serait posé des questions...
Ah non, comment veux-tu ? Il m'a fallu revendre une partie de sa collection de timbres, oui, oh de toute façon, il ne la regarde jamais, et alors, comme j'ai payé cash, Boutonnat a été chic, il m'a offert les lobes, tu sais depuis l'temps que j'mets des clips, ils étaient un p'tit peu raplapla, ça a l'air bien non ?

Sinon, tu sais qu'ici tu peux même te faire opérer par carte bleue... c'est très au point.

Alors, quand est-ce que tu te décides ? Surtout attends bien la fin de l'été, ah ça Boutonnat me l'a encore répété hier sinon, un coup de soleil par là-d'ssus et c'est cuit, ratacuit. Tu sais, c'est vraiment rien, je n'sais pas pourquoi j'ai attendu aussi longtemps.

Surtout que les gens sont vraiment charmants ici. Ah oui ! Tu vois hier soir, dans l'couloir, j'discutais avec la petite dame de la chambre à côté, une dame très gentille qui, elle, s'est fait prélever un morceau d'langue pour combler la ride du lion, elle m'a parlé d'une clinique aux Pays-Bas où on arrive à enlever la toute petite partie du cerveau qui sécrète les pensées négatives, tu vois ça par exemple, ce s'rait formidable pour le mari d'Marie-Claude qu'a souvent les idées très noires.

On s'en fait des montagnes alors que franchement c'est rien, regarde, tu rentres en fin d'après-midi, tu r'sors le lendemain, ni vu ni connu.

Moi, ça c'est sûr, l'année prochaine, en rentrant de Porquerolles, je file à Montreux me faire renouveler le sang, il paraît que ça booste énormément, ah oui ça se pratique depuis des années, c'est très très au point.

C'est là-bas justement que, tu sais, ma grande amie Christine a fait entièrement changer l'haleine de son père. Oh ! La pauvre, c'était délicat de lui en parler, elle lui a dit que c'était pour faire un petit check-up, écoute, deux jours après il était rentré chez lui.

Ça a été très très bien fait, ah oui c'était pas du luxe hein, moi j'étais passée un samedi après-midi en coup de vent lui déposer une housse de siège auto, il était là dans la cuisine, oh là là là là, j'ai cru qu'elle avait vidé un lapin dis donc !

Ah ! Bonjour docteur… très bien, très bien, peut-être encore un tout p'tit peu enflée, mais c'est bien sinon ?
Mon amie Jacqueline, qui viendra peut-être vous voir à la rentrée…
Je voulais vous demander, est-ce que vous pensez que je peux déjà me passer un lait d'beauté, j'n'ai pas osé c'matin, j'ai juste fait une petite toilette de chat.
Bien entendu, excusez-moi, vous êtes certainement très occupé, une toute dernière petite question – est-ce que vous pensez que je pourrai me maquiller dès demain… bon… Ou au moins vendredi, non parce que je vous l'avais dit, nous fêtons nos quarante ans de mariage et j'aimerais être impeccable.
Ah ! Tant mieux tant mieux…
Au revoir docteur, bravo hein… et merci pour les lobes.

Il est charmant hein ? En tout cas, il a une très bonne nature de cheveux.
J'ai un tout p'tit coup d'barre moi tout à coup.
Non non, mais ça va, ça va très bien…
Non je te remercie tu sais je crois qu'à part quelques Apéricubes je n'pourrai pas croquer grand-chose.
N'oublie pas tes gants. Je n't'embrasse pas mais l'cœur y est.
Encore merci pour tout Jacqueline, et puis, chuuut !

Elle regarde un peu autour d'elle et reste inerte avec sa nouvelle gueugueule.

Madame Cadinot

Elle a les mains pleines de crème avec une voix très très aigüe.

Oui maye, oh la laye pfff cinéma hein, oh l'travail, ça va pas mieux là-bas, mmm alora ma m...
Dites, dites, on a toujours le même gendarme non ?
C'est pas vous qu'était déjà là à l'accident à monsieur Soudé ?
Il m'semblait bien, est moi qu'avais téléphoné. Ça va pi vous ? J'suis dans ma crème alora ma m.
Fait chaud hein !
Ah bè oui on a l'habitude hein, on connaît, on connaît, cinéma hein pfff...
È la cinquième fois qu'a fait ça hein... oui cinq fois.
C'qui a, c'qu'a voudrait, c'est qu'on soye tous là autour de la maison là
« Ça va ti Sylvie, ça va ti mieux ? »
Moi j'y vais pas dites hein, pas qu'ça à faire, cinéma hein !
La cinquième fois qu'a fait ça hein...
Là, elle l'a pris deux tubes de médicaments, ça y a pas suffi hein.

A l'est là, avec sa robe à Dalida.
Cinq fois qu'a fait ça !
Ben, trois fois les médicaments, une fois les veines, pi la première fois était l'Paic citron, a l'avait avalé toute la bouteille, a l'avait d'la mousse qui lui sortait par la tchulotte, on rigolait avec Jacqueline.

Oui mais, a sait pas s'qu'a veut hein !
È quand même pas compliqué que d'pas se louper !
Ben comment qu'il a fait monsieur Dévé d'Brametot hein ?
Il est allé à sa poutre avec sa corde, pi allez hop, on en parle plus hein !
Oui mais là l'cinéma hein ! Oh ! l'travail !
...Non, non a travaille pas, non.
Dites, comment qu'on faisait nous avant hein ?
A douze ans on travaillait déjà, pas l'temps d'boire du Paic citron.

Quand qu'a s'était taillé les veines, a l'avait son gosse qui lui courait après là,
moman, moman !
Oui a l'a un fils, Mick, a l'était en cloque a l'avait quinze ans, ça y fait quinze ans au gosse.
A l'avait commencé à travailler, a voulait vendre les produits Avon...
A s'est arrêtée en plein milieu du stage.
A l'avait pourtant son père qui y prêtait la voiture, il est encore trop gentil lui il lui passe tous ses caprices hein.
Non non non l'a même pas son'permis... ptt.

Avec la voiture a pouvait très bien travailler l'matin pi s'occuper du gosse l'après-midi, était pas compliqué hein!
A seu n'n'est jamais occupé comme il faut d'toute façon du gosse, à trois ans a lui mettait des robes de fille, des bigoudis dans les ch'veux, a le laissait posé toute la journée sur son lit comme une poupée, cinéma hein, oui maye!
Le gosse maintenant il est un peu attardé hein, il va pas encore à la grande école hein.
Pi moi j'me d'mande même si il s'rait pas dev'nu un peu... hein... *(geste homo)*
Il met d'l'odeur à sa mère, ça cocotte oh la laye, faut qu'il s'change trois fois par jour hein...
Oui! tout ça pour aller sur la route, y a personne.
Il va pas faire une touche hein, hein, ça va y aller chez Michou. Cinéma hein!

L'aut'jour a l'était là à ma porte la grande bourrique là, a voulait un couteau d'cuisine, un couteau d'cuisine.
J'y fais, « Qui qu'tu vas faire avec ça Sylvie ? »
A m'fait : « Non rien è pour couper mon poulet » avec son air là, on y mettrait deux claques.
J'y fais « Où qu'il est l'poulet ? » hein voyais bien qu'a l'avait pas ram'né d'poulet, a l'est même pas capab de faire cuire une pomme de terre alora ma...
Ah bè j'y fais j'en ai pas moi dites qui c'est qui va nettoyer après è vrai.

Ooooh bè sa mère était pas mieux, oh lalaye la traînée!

Oui maye, fallait la voir à la fête à Brametot, tout l'monde était là autour des manèges, personne faisait d'mal hein.
A s'approchait d'un gars qu'a connaissait pas, hein, voyait bien qu'a connaissait pas,
deux minutes après, elle lui roulait des pelles dans les autos-tamponneuses,
oh pi a fermait les yeux pffou, d'vant la gamine, pi l'mari.
Cinéma!

A l'était pas maligne, mais quand qu'y s'agissait d'trouver un coin pour s'faire TRIPOTEY,
ça galopait là-d'dans hein, pi après pas, è pas compliqué, a l'enlevait sa tchulotte pi allez hop, a prenait sa giclaye!
Oh ba dites, dites, dites, è plutôt pour l'pé Sannier qu'est pas marrant.
Hein dites, pauvre bonhomme hein, avoir à la maison, une traînée, une suicidée, pi l'aut'pédé là, j'aimerais mieux être au cimetière moi, est vrai!

Hein, è pas étonnant qu'après, il s'fait des pâtes, il les met dans un torchon, pi allez hopa...
Vous voyez c'que j'veux dire...
Ah bè Jacqueline l'a vu à l'œuvre hein.
Bè il fait sa p'tite affaire tout seul là-d'dans tiens.
Après, un coup d'Paic, il rince, pi allez hopa, bon appétit la famille Sannier!

String

Elle traverse le plateau en marchant rapidement, une ficelle rouge entre les fesses.

Je m'appelle Colette Payan, je suis expert-comptable dans une société d'aéronautique, j'ai un string et je vais à Nouvelles Frontières chercher des brochures pour mes prochaines vacances.

Etudiante 1er passage

C'est possible de faire un peu moins d'bruit?
Non? J'dis rien depuis tout à l'heure mais là c'est, hou....
J'comprends hein, même si c'est pas tout à fait mon truc qu'on ait besoin d'se défouler mais là c'est beaucoup hein, franchement, vraiment...
Ça m'amuse pas d'venir, j'sais pas si ça vous parle mais j'prépare un concours, on doit être 30 000 candidats, y a douze élèves reçus, voir onze, ça dépend des années, alors si ça peut vous faire une base pour réfléchir, voilà, c'est tout.
C'est pas archicompliqué hein, mais si vous avez un minimum de sens pluriel, ça m'semblerait une bonne idée de baisser d'une bonne vingtaine de décibels.
C'est possible?
Oui, non?
Ch'sais pas...
Voilà, c'est tout, m'obligez pas à revenir.

Algeco

Voix de Renardière...

Edwige, c'est Sabine ! Excuse-moi hein, ta porte était pas fermée...
Vas-y, fais c'que t'as à faire, non mais fais comme si j'étais pas là.
Sympa ces Algecos ! C'est grand, pour des toilettes c'est grand !
Elle se retourne vers Edwige.
Non non mais j'regarde pas, tu parles...
Par contre si ça t'ennuie pas j'vais quand même aérer un peu parce que ça commence à chlinger pas mal...
Mais non ils sont loin, personne peut te voir rrrooo...
Elle regarde dehors.
Oh c'est dégueulasse !
Non mais vu d'ici c'est presque pire.
Attends, moi quand j'vois ça j'suis même pas sûre qu'on va réussir à enlever le plus gros avant les grandes marées.

Ah non mais c'est vraiment une bande de porcs irresponsables !
Ah les cochons, vraiment craspec !

Ah, ça y est, ma frangine a fini par ramasser son premier cormoran !
Il s'rait temps dis donc !
Par contre il a l'air mal barré son oiseau.
Elle aurait pu en prendre un, un peu moins cracra...
Attends, elle va avoir un mal fou à le ravoir celui-là.
J'sais pas moi, j'en ai sauvé une vingtaine c'matin, mais j'les ai trouvés là-bas au bout, vers les gros rochers noirs, ils étaient quand même un peu moins pourris.

Elle fait des grands signes avec les bras.

Béné ! **Ouh ouh Béné** ! On est là ! Bénédicte hou **hou** ! Prends-en un autre !

Elle m'entend pas là. Tu parles, avec la capuche du ciré, le bonnet, le groupe électrogène...
Ouais, elle va pas y arriver là avec son cormo...

Béné ! **Béné** ! **Ouh ouh** !!

Ah là là pffff, elle tire une de ces tronches...
... Non, non, alors là tu parles, j'trouve ça très bien qu'il l'ai remise un peu à sa place hier...

Bo écoute, si on peut même plus chambrer les gens maintenant...
Attends, si t'arrives pas à intégrer un minimum dans un groupe, j'sais pas mais...

J'sais plus quoi faire moi, elle était tellement mal à Noël, j'me suis dit : « Allez hop, j'l'emmène à Belle-Ile, ça va p'têt la sortir de ses p'tits problèmes psycho mes fesses. » Mais là pppp...

Ah non mais c'est pas nouveau, attends j'me souviens en 84, on l'avait emmenée avec Michel à la grande manif de l'école libre...
C'était pourtant sympa écoute, on était une bonne bande de copains, que des gens comme nous, on avait bourré nos bananes d'abricots secs, elle a passé la journée à chialer...
Non mais sympa tu vois, enfin sympa pour nous...

... Non, non, ça fait au moins trois ans qu'il s'est barré son mari... Attends, on peut comprendre, pas marrant marrant...
Oh là là, elle est venue passer deux jours à la maison à c'moment-là, là j'crois qu'c'est Michel qu'a failli divorcer...
En fait on la voit d'moins en moins, et puis tu sais pour les dîners j'aime pas tellement avoir quelqu'un en bout d'table, ou alors un copain célibataire.
Mais bon, de toute façon, j'ai l'impression que Michel, même quand elle était mariée, il l'a jamais vraiment appréciée des masses.

Elle se retourne vers Edwige.
Ça va tu t'en sors ?
Elles sont géniales ces bottes !
Evidemment qu'on va les garder, attends, avec le boulot qu'on abat depuis deux jours, tu sais moi, alors là...

(Se marrant.) La pauvre Béné, elle est arrivée trop tard hier, y avait plus d' 39/40 dis donc.
Ecoute, avec un bon 37/38 ça devrait aller hein...
Sans chaussettes...
Ah non elle est vraiment tarte parfois.
Non mais tu sais qu'elle a des enfants ravissants, les gens se retournent dans la rue sur sa fille de quatorze ans, j'sais pas moi, ça devrait lui redonner confiance en elle, même pas...
La gamine écoute, elle s'est trouvé toute seule un p'tit job d'été, un truc de mannequin, mannequin, mannequin, enfin bon mannequin d'tee-shirt. M'enfin quand même...
Tu vois Béné était à peine contente.

Non moi j'comprends pas, quand tu vois notre Jean-Baptiste qui s'est fait souffler sous l'nez une place de ramasseur de balles à Roland-Garros à six cents balles par jour...
Ou même Alban qui s'est quand même donné un mal de chien pour intégrer une école de commerce pas géniale, et qui voit le fils de la gardienne, dix-neuf ans, nourri aux Choco BN, qui pisse encore au lit une fois d'temps en temps, monter une boîte d'Internet qui marche du tonnerre, il peut nourrir la moitié du Portugal pendant dix ans, ça fait quand même mal au cœur...

Non mais c'est vrai, on comprend qu'Alban ait du mal à encaisser...
Surtout qu'le gamin a commencé sur le vieil ordinateur des enfants qu'ils ont fait tomber douze mille fois...
Enfin bon, Michel dit qu'ça durera pas éternellement ces trucs-là.

Ça y est, elle s'est remise toute seule dans son coin, c'est pas la joie hein....

Béné ! Béné ! Ouh ouh !! Ouh ouh !! Ça va ?

Ppttt...
Ecoute, on est là, au grand air, ch'sais pas moi...
J'comprends vraiment pas à quoi ça lui sert ses histoires de psy parce que ça s'arrange pas des masses.
Non c'est vraiment l'arnaque ces trucs-là.
Tu sais qu'elle est obligée de payer en liquide, non mais tu vois l'genre...
Quelle arnaque ! Surtout si ça marche pas.
En tout cas j'lui ai dit j'espère que tu parles pas d'nous...
Enfin bon, si elle a envie d'se faire entuber...

J'sais pas comment elle se débrouille, elle est pas fiche d'trouver une barquette de fraises à moins d'quarante-cinq balles, attends moi pendant c'temps-là, pour le même prix, j'ai trois cageots d'abricots j'réclame même un citron gratos...

Ecoute j'ai une amie qu'avait des faux billets d'deux cents balles, j'ai essayé d'les r'fourguer chez Auchan mais tu parles, ils ont des détecteurs...
J'ai voulu lui donner pour payer son psychotruc là... Il a pas d'machine lui c'est évident, elle a jamais voulu les prendre... Quel gâchis !

Ou même attends, elle accepte d'aller inscrire bonne-maman qu'en a, faut pas s'leurrer, plus qu'pour trois quatre ans à vivre grand grand maximum, dans des thalassos à neuf mille balles la semaine, elle fait même pas la moitié des soins, tout ça pour regarder la mer...
Non mais c'est n'importe quoi, non tu comprends ça va pas...

Non mais évidemment faut qu'elle se trouve quelqu'un dare-dare. Attends, j'suis sûre qu'avec un p'tit effort et un foulard sympa...
Non mais je sais c'est facile à dire, c'est évident qu'avec Michel, c'est un secret pour personne, on s'entend bien à tous points d'vue, mais tu vois Béné, sur ce plan-là, j'ai l'impression qu'avec son mari elle y a pas mis beaucoup d'bonne volonté non plus...
Bè oui faut quand même être un minimum partante pour ces trucs-là...

Surtout qu'y a vraiment des gens sympas ici. Y a un type là-bas à gauche qu'est pas mal, bon pas franchement mon style, enfin en tout cas il a pas l'air marié, c'est déjà ça...

(Se marrant.) Ah ben non pas pour moi merci, non mais attends, t'imagines la tête de Michel qui m'voit revenir lundi matin avec un gros moustachu sous l'bras, ah non, ah non ah ah ah ce s'rait folklo...

Béné, Béné !!
Ah quand même !
Viens là !
Va voir le type là-bas en ciré jaune, mais non non avec la belle moustache là près des grands seaux bleus, il a l'air d'avoir le bon coup d'main pour dégager les ailes...
Mais non, pas celui-là, prends-en un autre...

Zaïa

Tu m'étonnes !
Tu verrais on a rigolé !
Oh, t'aurais vu la Christelle quand elle s'y met, elle, elle paye hein, oh ui hein, tu m'étonnes.
N'empêche elle le fait super bien Céline Dion, oh elle nous a fait rigoler !!!
T'aurais dû venir, ui hein, aussi bien, ça m'a détendue hein, franchement ça faisait longtemps qu'j'avais pas rigolé comme ça...
Elle a la patate elle hein, oh ui hein, on lui a fait ses vingt-quatre ans, on lui a payé une belle montre Akteo, elle était super contente, tu m'étonnes...
Ah là là ça y est, ça y est, ça m'aurait étonnée tiens, ça f'sait longtemps, te r'tourne pas... bè ui hein devine...
... J'drague qui là ? J'peux savoir ? N'importe quoi hein, ah ui on drague qui là ?
On fait rien d'mal, on fume not'clope avec Nadia, y a un décret, au cas où tu l'saurais pas, on a plus l'droit d'fumer dans l'enceinte de l'officine...

Tu t'intéresses à ma santé maintenant ? Aussi bien j'suis sûre qu'y a au moins quatre mégots d'pétards dans l'cendrier de la bagnole...
Vous avez rien d'autre à foutre hein franchement, t'as pas l'air con à faire tes tours de caisse là...
Non mais allez-y, prenez-en deux d'plus, quatre mecs dans une bagnole, ça fait classe, ah ui hein la bonne frime.
Allez, allez bouffer vos sandwichs grecs, laissez-nous travailler.
Ah ui hein, tu crois qu'ça m'amuse moi, de m'lever à six heures et demie tous les matins pour aller récolter des analyses d'urines encore chaudes dans des pots à confiture mal fermés, pendant que monsieur dort encore là, la main dans son survêtement, il s'est même pas déshabillé d'la veille, aucun respect pour autrui.

Pfff! tout ça pour payer les traites de ton ordinateur, tu sais même pas t'en servir, t'as jeté toutes les notices, puisque tu sé tout.
... Un ui, ui, ui bè j'suis bien contente d'être sortie hier soir, pour une fois j'ai bien rigolé, j'suis jeune moi, j'vais pas passer l'restant d'mes jours devant « Combien ça coûte » ça va hein. Aussi bien quand j'suis rentrée, t'étais même pas là... menteur.
... Aaaah alors là, t'as pas honte, ça, mon père il aurait jamais traité ma mère, il la respectait, il venait pas la surveiller, il avait un travail lui...
Plus ou moins j'dis pas qu'c'est de ta faute mais honnêtement hein, j's'rais eux j't'aurais viré aussi.

A trois heures d'l'après-midi y a plus personne quoi, monsieur est déjà stationné devant la pharmacie là, à soupçonner tous les clients.
... C'est toi qu'es tordu, t'en as pas marre de v'nir rôder, tu vois le mal partout.
Ui hein tu crois qu'on est à poil sous nos blouses, ma parole, tu r'gardes trop d'films de cul toi hein.
... Eh ben, eh ben, il m'appelle par mon nom parce que c'est marqué sur mon badge, c'est pas moi qui leur dis « Ui euh j'm'appelle Zaïa, j'peus vous sucer quand vous voulez » c'est obligatoire hein, mention légale, même monsieur Rocher il le met.
... Et alors, et alors, j'dis c'qu j'veux devant qui j'veux, tu m'traites bien d'pute devant Nadia, j'peux bien te dire que j'en ai marre que tu m'traites de pute devant Chérif, ça va hein !

Tu crois que tu m'as pas collé la honte là d'vant ma patronne, quand t'es venu chicorer le pauvre représentant La Roche-Posay, tout ça parce qu'il a eu le malheur de m'offrir un sac de plage merdique j'ai même pas l'droit d'aller à la piscine.

Tu m'en as déjà fait toi des cadeaux ?
Tu parles, t'es radin, quand t'as d'la tune y en a qu'pour toi hein, allez hop hein les Ribuck à neuf cents balles là...
... Ui, Reebook je sé hein. Toi Chérif j't'ai rien d'mandé, j't'appréhende même pas, tu crois que j't'ai pas r'péré

quand il t'envoie m'épier là, posté comme un vigile d'vant l'Pomme de pain, avec ta casquette sur le nez...
Pfff, tu fais tout c'qui t'dit, ui hein, c'est ton chef hein, c'est ton Dieu...
Pi toi t'es pas gêné d'l'envoyer en commando ?
Ça va t'es content des renseignements ? Par contre quand j'sors en pleine nuit du RER, là y a plus personne là hein.

... Alors ça ! Ça là tu vas trop loin !
Franchement, tu veux que j'te dise une chose, c'que tu viens d'dire là, tu l'regretteras toute ta vie.
Pour un truc comme ça mon père si il était encore là...
On parle pas comme ça, on parle pas mal.

Ui ui ui, bè raison d'plus hein !
Honnêtement, si j'suis moche, j'vois pas pourquoi tu perds ton temps depuis deux ans et demi à m'fliquer là !
Va barboter tes Nokia et laisse-moi tranquille, allez c'est ça, va tremper ton Krisproll ailleurs...
Vous avez qu'à sortir ensemble tu les deux hein, allez, allez au Quinne, allez vous faire guiner, tu vas voir la tête qu'il fait quand il juit, c'est pas beau à voir hein, la honte !

Franchement toi, le jour où t'es venu péter chez moi, je sais pas c'qui m'a pris de pas t'foute dehors tutsuit...

D'ailleurs à c'propos, tu vas commencer par venir chercher toutes tes merdes là, toutes tes tenues vestimentaires

là, tu vas tout fréter ça chez ta mère, elle s'ra contente puisqu'elle croit que j'te ponctionne, ui hein...
C'est elle qui va les repasser tes suits, elle au moins, elle va pas effacer les marques...

Va boire ton Nesquik, gros kuik, tu pues du kuik!
Viens Nadia, on a pas d'temps à perdre avec ces maléfiques, viens, c'est pas quand on s'ra mortes qu'on ira au karaoké, tu m'étonnes!

Jacques-Eric

Son corps est caché derrière un module, seule sa tête sort.

Madame, je n'sais comment commencer ce message, je suis extrêmement ému, voilà, comment vous dire, je suis tellement bouleversé.
Je sais que tout ce qui va suivre va vous paraître ridicule, tant pis, tant pis pour moi.
Je tente de me taire depuis des mois, croyez bien que j'aurais préféré ne pas en arriver là, ne pas avoir de cœur, pourtant je ne peux plus garder pour moi ce poids si lourd.
Voilà, je vous aime en secret depuis bientôt sept ans.

Oh je sais que vous êtes mariée, j'ai eu l'immense bonheur de voir grandir Antoine et Camille. Je suis seul, mais le simple fait de savoir que vous existez me suffit, me donne le courage, chaque jour, de me lever.

J'aime vous voir tourner à l'angle de la rue des Eaux, entrer à la boulangerie Vignal acheter votre pain de mie,

pain de mie que je m'empresse d'aller me procurer à votre suite, en grande quantité, afin de pouvoir l'ingérer le soir en pensant à vous.
Je remercie la Providence de vous avoir mis sur mon chemin.
Je suis très embarrassé d'exister de manière générale, mais, comment vous dire, quand je vous vois, je sens mon cœur devenir léger.

Je m'appelle Jacques-Eric, ce qui déjà en soi est un prénom très ingrat.
Je pourrais être ce que l'on a coutume d'appeler un remède à l'amour.
De plus un physique extrêmement irrégulier dessert ma grande sensibilité.
Rassurez-vous, des conjonctivites à répétition me tiennent à l'abri des pulsions charnelles, je ne vous ferai aucun mal.

Je connais tout de vous. Je fais tout mon possible pour qu'il ne vous arrive rien, à vous, votre mari et vos enfants. C'est moi qui, chaque samedi, fleuris le pare-brise de votre véhicule de tickets d'horodateur, horodateur derrière lequel je tente actuellement de dissimuler ce corps qui m'encombre plus que tout.

J'ai empêché à plusieurs reprises votre fils de se faire voler son petit blouson, et je suis parvenu à trouver les trois cartes Pokémon qui manquent à sa collection.

Voilà Hélène, j'ose prononcer votre nom, qui est le plus beau de tous.

Je vous appelle d'un téléphone cellulaire, ne vous inquiétez pas si les mots vous semblent hachés, presque inaudibles, un problème de réseau en serait la cause.

Je vous vois à votre fenêtre, vous avez mis votre jupe de flanelle, celle que vous aviez acheté chez Franck et Fils le dix novembre 98 à 16 h 20.

Ce jour-là, sans le savoir, vous avez choisi celle que, justement, je voulais vous voir porter.

Je vous ai trouvée fatiguée ce printemps dernier Hélène, oh vous n'aviez rien perdu de votre beauté, non, mais je me suis inquiété, j'ai eu si peur qu'il vous soit arrivé quelque chose, et puis, de jour en jour, j'ai vu vos joues redevenir roses, votre démarche s'alléger, et par la même occasion, mon cœur battre plus fort encore.

J'aimerais être une petite souris, malheureusement je pèse plus de cent dix kilos.

Je suis couvert de honte et de bubons nerveux, c'est le chaos dans mon esprit, et, en vous parlant à l'heure qu'il est, je me demande si la honte de vivre, cette fois, ne l'emportera pas sur le reste.

Il y a un mois, pour établir un premier contact avec vous de façon agréable et sucrée, je vous avais apporté une corbeille de fruits de chez z'Hédiard dont malheureusement vous n'avez pas pu profiter, car voilà, pétrifié par la peur de cette rencontre, je l'ai entièrement mangée seul dans ma voiture.

Pourtant, ce jour-là, j'étais prêt à affronter la réalité physique, je m'étais même, pour l'occasion, fait une sorte de shampoing sec.

Voilà, c'est la première et dernière fois que je vous appelle Hélène.

D'ailleurs, dès que j'aurai raccroché, j'irai jeter ce combiné, acquis pour l'occasion, dans la petite fontaine du musée Jacquemart-André.
Continuez à vivre comme si de rien n'était.
Soyez toujours aussi affectueuse et aimante avec votre mari, qui le mérite bien.
Je veille sur vous, sur votre bonheur et celui des vôtres.

Dites à votre petite Camille que j'ai une piste extrêmement fiable pour retrouver la chaussure gauche de sa poupée Nini, je pars à Taiwan cet après-midi, où il en reste un exemplaire en parfait état.

Je serai de retour le quinze avril, pour le huitième anniversaire de notre rencontre, au pressing de la Muette, où vous aviez récupéré cet adorable petit manteau bleu ciel, dans lequel je ne vous ai malheureusement jamais vue.

Je suis extrêmement troublé et vous souhaite les meilleures choses au monde.
Au revoir Hélène, je vous aime, ne laissez pas votre véhicule rue Singer le huit et le neuf, il y a une brocante...

String II

Elle retraverse dans le sens inverse, avec la même ficelle...

Je m'appelle Sandrine Cloutet, j'ai dix-neuf ans, je suis élève dans une école de tourisme, j'ai un string et je cherche un stage dans le milieu hôtelier.

La droguée

Merde, j'comprends pas, j'avais une barrette avec trois p'tits ours dessus.
Ils auraient pu me la laisser, franchement, j'vais blesser personne avec une barrette avec trois p'tits ours...
Faut qu'j'arrête la drogue moi, c'est d'la saloperie, j'arrête la drogue !
Mais j'vous écoute madame.
Je sais j'ai pas l'air mais j'lis *l'Monde* moi, mes parents m'ont abonnée à vie.
Oui, lundi vingt-huit août, 240e jour de l'année, Sainte-Véronique, c'est ma fête aujourd'hui.
Véronique celle qui nique quand on la pique, alors pour ma fête, si ça vous ennuie pas de me donner du Paroxyl, du Décodom, ou à défaut du Metaxat 300, ça ira très bien.

Oh dis donc ça m'lance cette saloperie, j'ai un abcès qu'a pris des drôles de proportions...
Demain terminos. J'arrête, j'arrête tout.

Ben oui mais j'vais au pharmacien, y m'fait trois cent cinquante balles, j'y fais j'ai pas trois cent cinquante balles moi, avec toutes les shooteuses que je lui achète il pourrait me faire crédit merde...

Monsieur, ça m'lance l'abcès, et par la même occasion si vous aviez du Paroxyl, du Décodom ou à défaut du Métaxat 300 voire même 150, j'suis partante.

... Non mais j'attends mon tour, par contre si jamais vous avez trouvé une barrette avec trois p'tits ours dessus, c'est à moi.
Ah ça m'lance ce truc, j'suis tellement carencée j'attrape toutes les saloperies...
Le problème avec moi, c'est que je pars vite en sucette, hi hi hi !!!!

Ça l'fait pas rigoler votre collègue hein madame, ça c'est sûr, les types, y a qu'un truc qui les intéresse c'est leur sgègue.
Moi j'connais la technique, quand j'veux un fix, je vais voir le mec qu'en a, j'lui dis « Y a tous tes copains qui disent que c'est toi qu'as la plus grosse », en général ça marche hein...
Le type il est tellement content qu'il te donnerait presque tout son paquet.

Bon dis ça m'lance cette connerie !
Quand t'as pas même la sécu c'est chaud.

Oh la vache ! Seulement dans la vie, il faut choisir entre bosser et faire la fête, vous avez choisi votre camp vous madame c'est bien.

Ma frangine c'est pareil, j'aurais fait mieux d'en faire autant tiens.
En même temps mon beau-frère qu'est-ce qui s'fait chier !
Heureusement que j'suis un peu câline avec lui une fois d'temps en temps, sinon y a longtemps qu'il serait déjà décanillé.

Il prend rien lui, il fume que des pétards, juste comme ça pour délirer...
Il s'fait tellement chier avec ma sœur, elle passe son temps à s'acheter des protège-slip il en a ras l'bol.

Leur gamin, il a onze ans, il est plus lourd que moi, dis donc...
En même temps faut voir ce qu'il bouffe...
Moi quand j'vais déjeuner chez eux, j'prends juste un Kinder surprise.
C'est l'équivalent d'un grand verre de lait.

Oh l'autre jour, le gosse, il s'est envoyé deux grands verres de sangria, il a fini par bouffer les crottes du lapin nain dis donc...
Oh l'pauvre lapin, il comprenait plus rien, quand il a vu la grosse main du gosse arriver dans sa cage, il s'est mis à flipper.

Pauvre bête, qu'est-c'qu'on l'a fait chier...
Demain j'arrête la drogue.

J'ai un copain qui m'attend à l'entrée, j'espère qu'il est pas barré...
J'lui ai roulé des grosses pelles pas piquées des hannetons, fallait bien que quelqu'un m'emmène en voiture...
On parle plus que d'ça maintenant dans les journaux, le grand retour du flirt, c'est encore une grosse arnaque ce truc, à un moment donné t'es toujours obligée de passer à la casserole.
Moi j'suis jeune mais j'ai déjà tellement flirté qu'j'ai l'cul tout pelé.
On dirait les singes du zoo de Vincennes.

Ah oui ça on peut dire que ça fait un p'tit moment que j'suis percée à jour moi hein...
Dimanche on a tout fêté en même temps, le Mundial, la Fête de la musique, la Fête des voisins, la Coupe d'Europe, allez hop, j'avais la shooteuse dans un bras, un d'mi-gramme dans l'nez, j'en avais un derrière, un devant, j'pouvais même plus péter dis donc!

Ah j'm'en traine des casseroles...

Enfin au moins, j'ai pas besoin d'prendre la pilule. Mes parents m'ont fait stériliser en avril 95, j'pourrai jamais avoir de fils avocat...
Ils sont cons, avec tous les emmerdes que j'ai, j'en aurais bien eu besoin.

Ils m'avaient payé un studio à la Nation, j'l'ai revendu en mars dernier, j'ai déjà plus rien dis donc...
Oh là là, j'recommence pas un boulot pourrave moi hein...
Ah non, tous les matins quand t'arrives, faut faire la bise à tout l'monde, j'appelle les flics moi !

Tu t'retrouves avec des copines qui veulent t'emmener à leur cours de salsa...
J'suis pas très sport moi...
J'vais pas m'faire peloter pour un jus d'ananas merde !!!
Elles sont cons, elles voient rien. Tu leur demandes de t'ramener cinq tubes de colle Scotch à l'heure du déjeuner, elles croient qu'c'est pour ton pêle-mêle. Y'a qu'un truc qui les intéresse c'est d'te faire bouffer des légumes, mais j'suis désolée moi les chips c'est des légumes...

Oh ! c'est pas beau c'truc-là huuu...
Ah c'est mes journées là, j'suis tout l'temps fourrée à l'hosto, j'ai une copine qui vient d'accoucher, j'ai été la voir, j'voulais être marraine de la p'tite moi, avec son mari ils ont jamais voulu...
Moi ch'sais pas mais j'vois pas trop l'intérêt d'être sur terre si j'ai même pas le droit d'être marraine.

J'arrête la drogue !!
C'est de la saloperie. J'ai fait des efforts hein pourtant, j'suis allée en consultation, il m'a fait « Véronique à chaque fois qu'tu penses à la défonce, tu prends un grand verre d'eau ».

Au bout d'trois bouteilles, j'peux te dire j'en avais ras l'bol.

Eh monsieur, monsieur il me faut au moins du Paroxyl là. J'rigole pas hein, tout de suite, ils m'en ont donné la dernière fois...
Soyez pas salaud, après j'arrête, c'est promis...
Non mais c'est pas pour me flasher, c'est parce que je commence à trembler, j'me connais c'est pas bon signe.
Regardez *(elle tremble)*. Vous avez vu ?
Je suis désolée j'ai pas ma barrette, sinon je suis très bien coiffée.

(A l'interne) Tant que vous y êtes, faites-la-moi en intra ça va plus vite.
C'est gentil, vous êtes vraiment super !
J'vous préfère vous à mes parents, même à mes deux parents.
Vous êtes mon p'tit docteur préféré !!!

Elle tend son bras.

Merde j'suis con c'est mon bras avec abcès, bougez pas y en a un autre qu'arrive, bougez pas.

Elle change de bras.

Vas-y Kouchner, fais péter l'bouchon !!!
Oh j'vous connais pas mais j'vous adore !
C'est quoi votre petit nom ?

Ah bè c'est vous alors…
Non parce que tout à l'heure en arrivant dans le couloir, j'ai croisé deux de vos collègues qui parlaient de vous, ils disaient :
« Il paraît que dans tout le service, c'est Bruno qu'a la plus grosse ! »

Etudiante 2e passage

C'est beaucoup là hein…
Non mais attendez là, vous avez peut-être l'impression d'être des gens formidables.
D'ailleurs, c'est possible, mais là, là, il y a un truc qui vous a complètement échappé là, c'est l'autre.
J'comprends hein qu'il faille des gens pour faire fonctionner les Fnac, les agences de voyage, les Center Park, mais j'voulais juste vous informer que quelque part, voilà, pas forcément très loin de vous, il y a p'têt des gens qui vivent pour autre chose que pour les UV et la gym.
Non, non mais ça va hein, ça m'arrive aussi de m'amuser, merci, je sais c'que c'est que l'humour hein, j'pratique.
J'sais pas, je parle huit langues et avec vous j'ai l'impression qu'il m'en manque une.

Ouais, par contre, rire bêtement la bouche ouverte comme ça là, j'suis pas sûre.
Non mais sinon qu'est-ce qu'on fait ?
On décide ensemble ?

J'sais pas...
J'sais bien que c'qui vous calmerait ce serait d'vous laisser aller acheter des bougies flambeaux chez Habitat, seulement voilà, à l'heure qu'il est, c'est fermé, c'est con hein !

Oui, je sais pas si c'est l'fait de manger des yaourts aux fruits en permanence mais il y a un petit problème là *(elle montre sa tête)*.
En tout cas, j'suis pas complètement sûre qu'ce soit une bonne idée qu'vous soyez vous-mêmes.
Bon allez soyez adultes un peu...

La violée

Elle est assise, les pieds ballants, un foulard sur les yeux, face public.

Ils m'ont euh... d'abord proposé du chocolat, mais comme je suis allergique au nickel, j'ai dû refuser.
Ensuite, ils m'ont suivie dans la rue du Gros-Horloge, après j'ai tourné à droite aux Dragées Martial, ils ont continué à me suivre, ils étaient trois, environ entre dix-sept et vingt-cinq ans maximum, ils sont passés chacun leur tour.
Comme j'ai des problèmes de circulation, j'avais tout le temps froid au bout des doigts, au bout du nez, au bout des doigts de pied.
J'ai remis mon collant.
Je ne me suis pas laissé faire, je suis allée crever les pneus de leur voiture.
J'ai pris le numéro d'immatriculation.
Je suis allée au commissariat... avec la plaque.

Ils ont gardé mon collant, ils m'ont posé des questions, ils m'ont demandé si j'avais eu des rapports avant les selles ou après les selles...
Après j'étais en congé maladie, j'ai pris trente kilos, pourtant je mangeais rien, rien du tout, que des escargots.
Ma mère n'a pas voulu que je porte plainte, alors j'ai changé de région.

Je suis allée dans la région de Grenoble où j'ai trouvé un emploi dans une école maternelle au service nutrition.
Là, j'ai rencontré Joël, qui travaillait aux cuisines.
Avec Joël nous avions de grands projets d'avenir.
Un dix-sept novembre, vers dix-huit heures, je sortais de mon travail, il faisait déjà nuit.
J'avais euh... deux grosses poubelles dans chaque main.
Un homme m'a abordée, il m'a demandé des renseignements sur les tarifs de la cantine.
Je me suis retournée, cette fois ils étaient quatre, un peu plus âgés, pourtant ils avaient l'air gentils, il y en avait même un qui ressemblait à Florent Pagny.
Ils m'ont mise dans les cartons, après ils m'ont insultée.
Ils m'ont traitée de salope, de grosse morue et de sac à merde.
Quand je suis rentrée, Joël ne m'a pas crue.
Il m'a traitée de menteuse et de putain.

Alors j'ai changé de région, je suis allée dans la région d'Amiens, d'abord dans un foyer, mais comme j'étais la seule fille, je restais enfermée toute la journée dans ma chambre.

Depuis j'ai rencontré un groupe de réflexion... qui n'a rien à voir avec une secte.
Le responsable du groupe nous filme avec une caméra vidéo, deux fois par semaine.
Nous avons le choix de nos partenaires.
Comme je suis allergique au nickel, je suis dispensée des travaux de réfection de nos nouveaux locaux.
Je suis donc préposée à l'envoi de ces cassettes dans la région d'Hanovre en Allemagne.
Les bénéfices des cassettes servent à assurer notre intendance.
J'ai coupé les ponts avec ma famille.
Depuis j'ai trouvé un équilibre.
Si j'ai choisi de paraître masquée ce soir c'est afin d'éviter les regards désobligeants, voire sarcastiques, de mes contemporains, rapport aux rapports que j'ai eus, et qui, par la force des choses, ont engendré certains traumatismes dont je tairai le nom.

Le cours de danse

Elle a une baguette à la main.

Respirez, tournez, première position.
Henri-Louis la musique !

Et et viam, très très viam, on ouvre au massimum, le sacrum viam parallèle,
et pirouette, saut de chat, très très viam.
Les jambes longues comme des langoustes,
très viam Karine, port de tête et fouetté.
Karine très viam, toi pas viam.
Partez, revenez !
Et et 1 et et 2 et 14 et 38 et 40 et 3000 et et viam, viam, viam, très très viam.

Toi tu restes, toi tu sors !

Karine très viam, magnifique !

Pas pleurer, prends sur toi.
Transpirez, toi arrête transpire !
La douleur, intérieure.
Le sourire, moins crispé.
Merveilleux Karine, ravissant.

En dehors paresseuses,
Viam très viam Karine !
Diurétiques pour tout le monde !
Quatrième les feignasses.
Trop de graisse, pas de grâce, ridicule !!!

Sur vos pointes bordel, mal tiré le chignon.
Toi gros cul, trop de beurre.
Karine soublime, gracieuse, très gracieuse.
Les autrrres vilaines, plrrétentieuses, trrriples merrrdes.
Les pissouilles en Ukrrraine.

Glrrros trrroupeau de bourriques !

String III

Elle passe sans rien dire.

Stéphanie

C'est ma nouvelle écharpe GAP, on l'a achetée cet après-midi avec un jean.
Vas-y hein tu peux prendre tout c'que tu veux dans l'frigo, ah oui non euh, sauf les saint-marcellin, parce que c'est à mon beau-père, et sinon c'est très con mais il va faire une crise cardiaque.
Y a d'excellents yaourts, il en reste deux, si tu veux tu peux en prendre un, par contre euh les œufs, je crois que ça fait longtemps qu'ils sont là.
Tu sais j'ai une amie, enfin c'est pas tellement une amie, ils avaient laissé des œufs dans la maison d'campagne et quand ils sont rev'nus l'été d'après, ils les ont cassés, y avait plein d'guêpes dedans, ouh ouh ouh. J'aurais pas aimé être là.

T'entends mon frère ? Il est pas couché. A mon avis il s'emmerde dans sa chambre. C'est pas mon frère hein c'est mon demi-frère, ne pas confondre...
J'ai pas une envie folle de jouer avec lui, c'est le fils de mon beau-père, il veut absolument qu'on s'entende bien tous

les deux alors que je n'ai rien, mais absolument rien à lui dire. Déjà il est plus jeune que moi et alors étant donné que les filles sont beaucoup plus mûres, ça fait quand même un énorme décalage.

Demain c'est mon rendez-vous jeune citoyen… C'est une sorte de gouvernement des enfants, on prend des mesures pour améliorer la qualité d'la vie… Ben euh contre la pollution, on demande aussi qu'il y ait de moins en moins d'guerres, enfin dans la mesure du possible, plus de marchés bio à Paris ou même au Vietnam, des ordinateurs pour tous les enfants du monde, enfin au moins un pour trois pour qu'on puisse se le prêter et puis après, à partir de cinq heures ça devient « Aux urnes moussaillon » et là, on vote des lois pour plus tard.
Et alors une fois par an, on est invités chez Jacques Chirac, enfin dans son jardin et euh on lui remet une grande enveloppe avec toutes nos idées dedans, en tout cas il a l'air très content. Mais dans la vie il est beaucoup moins marrant qu'à la télé, moi j'aime bien quand il fait « Euh écoutez mon cher PPD ». *(Elle se marre)*

Moi tu sais…
C'est quoi ton prénom déjà ?… Ah oui Sandra c'est ça, eh Sandra, Sandra !
Moi, plus tard, j'aimerais bien avoir un mari avec des poils roux… parce que j'en ai jamais vu. Mon beau-père, il se promène tout nu en permanence, lui on peut dire qu'il a des poils très très noirs, en plus il est fier parce que,

comme il est frisé, ça fait des petits bigorneaux en plus posés dessus.
Moi, j'trouve ça euh pas très beau à voir en tout cas, enfin disons que c'est un peu spécial. Ma mère, elle lui court tout le temps après avec un slip pour qu'il le mette, mais il s'en fout complètement.
Il est un peu bourru. De toute façon lui, y a qu'une seule chose qui l'intéresse vraiment, c'est de me coller pour la énième fois devant la cassette de *Microcosmos* pour que je cesse de parler.

Si tu veux tu peux m'poser des questions...
J'aime bien ta chemise de nuit, j'aime bien les p'tits cœurs rouges comme ça, c'est trop beau.
J'ai presque la même sauf que moi c'est des p'tits cœurs bleus, mais un beau bleu tu vois pas bleu foncé non, un bleu un peu comme mon justauc... mmm j'allais te dire bleu comme mon justaucorps de danse tu l'as jamais vu. Ça va pas trop la tête moi.
Sinon c'est pratiquement la même, je l'avais hier, mais là elle est au sale.
Ben oui comme j'ai des petits soucis d'énurésie quasiment tout l'temps, en général j'peux jamais les mettre deux jours de suite. Mais bon, c'est pas dramatique, on est allés voir un pédopsychiatre qui dit de ne pas trop s'inquiéter.

Elle est belle hein Julia Roberts! J'ai une cousine aux Etats-Unis qui s'appelle Fiona Queen, tu sais ce qu'elle fait? Elle va voir tous les films de Julia Roberts, en avance, avant qu'ils sortent, oui, et si elle aime pas la fin, eh ben elle le dit et ils la changent.

Eh Sandra, Sandra !
Est-ce que tu sais si c'est vrai que Juliette, tu sais Juliette... Juliette de *Roméo et Juliette*, en fait elle aime pas Roméo ? Hein ? Hein ? Nan parce que la grande sœur de ma copine Daphnée elle dit qu'en fait elle fait l'amour avec le chanteur d'Ali Baba.
Oui, elle dit que c'est parce que la fille des *Dix Commandements* elle est partie avec le remplaçant d'Garou.
Peut-être qu'après ils vont se remettre ensemble... C'est possible mais c'est pas sûr.

T'as un p'tit copain ? Il le sait que tu as des seins ? Il les a déjà regardés ? Bon bon très bien très bien...

Tu sais jeudi, dans le cadre de la journée du goût, il y a un grand chef avec une toque qu'est venu à l'école avec plein d'aliments de goûts différents. Mais c'était pas évident, parce qu'ils nous ont mis un bandeau comme ça sur les yeux et il fallait réussir à trouver si c'était âcre, âpre ou amer... Après on nous a distribué des minibouteilles de Soupline à la vanille et deux invitations Nestlé pour aller au grand pique-nique du siècle, mais on était déjà invités quelque part, alors on a pas pu y aller, dommage mais bon !

Tu connais tes cinq sens ? Vas-y... oui... oui... très bien... oui... t t t... il t'en manque un !

Le toucher, c'est toujours celui-là qu'on oublie, j'ai fait le jeu à ma mère elle aussi elle avait oublié le toucher. Mon beau-père lui, au bout de deux il en avait déjà marre.

Excuse-moi, mais je suis crevée, je vais me coucher, vas-y, tu peux prendre le dernier yaourt si tu veux.
Elle s'en va, revient sur ses pas.
... Non mais c'est par là ma chambre...

Etudiante 3ᵉ passage

Alors là on peut dire que vous êtes résistants.
J'me demande si ça aurait pas été plus utile y a soixante ans mais bon ça c'est...
Non c'est quand même hallucinant hein, j'crois que j'suis déjà venue deux fois, j'sais plus.
J'ai pas gueulé, j'ai pas gueulé ?
J'ai pas appelé les flics, j'ai pas non plus eu l'impression d'être complètement hystérique mais là c'est tout quoi.
Ah oui, non mais puisque vous avez pas l'air de vouloir comprendre, moi, là, à l'heure qu'il est, j'suis obligée de prendre des mesures. Ben oui mais attendez là, vous avez quatre ans et demi ? Non parce qu'on peut s'le demander, hein, vraiment, vraiment.
Alors bon j'trouve ça complètement hallucinant d'en arriver là, ça me, hou...
Mais là ça y est là, vous avez gagné, vous pourrez toujours faire la chenille au commissariat.
Non, ou juste des grands coups d'pelle à neige sur la gueule, puisqu'y a qu'ça qui marche...

C’est bon là, cherchez pas ils arrivent.
Quand j’pense que j’vous ai fait confiance.
Pénible pour moi aussi !

Le veuf belge

Il a un fort accent belge.

Je n'prendrai pas ces Spéculoos, ça n'saurait passer...
Non, sans façon.
Oui, vois-tu, mon grand, pour une fois, ton père n'a vraiment pas faim.
Je vais te dire une chose mon garçon : je te souhaite de trouver une femme comme ta mère, qui sache te rendre heureux autant que je l'ai été pendant ces trente-quatre années d'un bonheur sans nuages...

La cérémonie funèbre était parfaite je dois dire.
Très beau requiem, pas un mot de trop dans l'homélie du père Lempool.
Elle était si belle !
Je pouvais passer des heures à la regarder brosser sa chevelure.
Elle savait très bien se maquiller.

Nous étions allés à Paris, à l'exposition Orlane de septante-deux, ils lui avaient appris à appliquer toutes les couleurs, d'abord le vert, puis le parme, puis le doré. Oh je suis si triste !

Tu vois, je pense avoir bien fait de la laisser aller avec sa nuisette préférée.
Elle aimait la vie et tous ses plaisirs avec, quelle grosse gourmande !
Elle ne faisait pas de régime, elle n'était pas comme tant d'autre à grappiller des petits morceaux de croquette crevette.

Voilà une femme qui n'a jamais eu mal au crâne. Elle n'avait pas son pareil.

Vois-tu mon grand lapin, depuis que je la connais, je n'ai pas eu à me caresser une seule fois, pas une carte de Wallonie sur les draps de notre couche.
Ah elle savait y faire mon grand, et pas une dispute, pas de récrimination.
J'ai d'ailleurs toujours été très envié par mes camarades.

Son premier mari était fort désagréable.
Il n'a pas su être à sa hauteur. D'ailleurs à la mise en bière, je n'avais qu'une seule envie, c'était de lui mettre mon poing sur la figure.
« Tu n'as pas su traiter cette femme correctement, tu ne viens pas te montrer à Uccle ! »

Il n'a pas su la gâter comme elle le méritait.

J'aimais tant la couvrir de cadeaux, elle pouvait s'offrir toutes les soieries de l'avenue Louise.
Tu vois ta mère n'a jamais porté de culotte, c'est l'une des premières à avoir adopté le Coslip… le Coslip mon grand, c'était un collant qui faisait les deux choses en même temps.
A travers le polyamide, je pouvais apercevoir sa petite touffe écrasée, quelle grande tristesse !

Je n'saurais vivre sans elle maintenant, il me tarde de la rejoindre.
Oh, je la reconnaîtrai entre toutes, elle ne doit pas être très loin de Dieu.
Quelle générosité !
Elle ne m'a jamais rien refusé de son vivant hein, tu sais ta mère ne s'est jamais fait prier, pas besoin de lui maintenir la tête pour aller à la sucette.
Et je peux te dire qu'elle ne s'arrêtait pas en cours de route, c'était une travailleuse.

Ah on pouvait compter sur elle !
Lors de la marche blanche de nonante-six, elle avait pris en main le standard, elle n'a jamais compté ses heures, au point même de renoncer à nos week-ends à Knokke.

Je l'aimais si fort et tout le monde avec.

Tu sais, elle a eu droit à une très belle couronne de notre club de Scrabble.

Ça, elle savait rire hein, je l'entends encore...
Ça l'amusait beaucoup, et moi aussi je dois dire, quand elle avait envie de faire son petit pipi, de m'arroser. Rassure-toi mon grand lapin nous étions dans la baignoire.
Par contre, si elle avait son petit colombin qui pointait le bout d'son nez, pas question d'en faire profiter quiconque, il fallait qu'elle aille à la toilette immédiatement.

Ne prends pas cet air contrit mon grand, ne te formalise pas, il faut dire les choses !

Il va me falloir entamer un gros travail de deuil.
Oh, ça ne va pas la faire revenir pour autant, jamais je ne retrouverai sa belle présence.
Sa peau était de plus en plus douce, si fraîche, si savoureuse...
Ah on voit bien que tu n'as jamais mangé la chatte à maman.
Ne fais pas cette tête-là mon grand lapin, je m'emporte mais j'ai le cœur brisé, quel grand amour !

Elle a lâché le navire, elle n'a pas su tenir, elle était si malade.
Tu ne l'avais pas vue depuis un long moment, mais tu n'aurais pas reconnu ta grosse maman, elle avait fondu comme neige au soleil.
Ils n'ont pas su la garder.

Je m'en veux, je n'aurai de cesse de me dire que je n'ai pas fait le nécessaire, qu'un grand professeur franco-américain aurait pu la sauver.

Tu sais, tu lui manquais beaucoup hein.
Elle ne te l'a peut-être pas assez dit, mais depuis que la C deux E t'avait envoyé travailler à Barcelone, elle avait beaucoup de peine de ne pas te savoir près de nous.

Souviens-toi qu'elle a failli mourir pour t'enfanter.
Nous pouvons tous remercier la pénicilline.
D'ailleurs, ton passage l'a laissée très dilatée pendant deux trois années qui m'ont été fort pénibles, je dois dire.

Aussi c'est pourquoi, si tu te maries, permets-moi de te demander d'installer ton épouse ici, dans la grande chambre du bas.
Et si tu acceptes que je pouisse, une fois de temps en temps, te regarder la travailler, ça raviverait de grands et beaux souvenirs en moi.
C'est ainsi que Marie-Ange, retrouvera la place qu'elle mérite en chacun de nous...

String IV

Je m'appelle Sophie Luguet, je viens d'acheter une brosse à cheveux et un protège-string, je vais prendre le métro à Daumesnil.

Ta djeule

Non, non, arrête Jean-Claude, fais pas chier.
Non, non j'rent'pas là-d'dans !
J'm'en fous j't'attends là.
Mais j'fais pas d'mal, j't'attends là non mais oh dis, dis, dis !
J'te respecte, tu me respectes.
Non, j'rentre pas là-d'dans.
Y va pas t'es con !
Viens, mais viens j'te paye une Mort subite !
J'ai les sous ! Tu vas t'faire chier hein, après tu peux pu sortir, attention, fini, hop !

J'vais pas aller m'faire chier là-d'dans moi non mais oh dis, dis, dis.
Ta djeule toi, ta djeule j'ai baisé ta femme !!!
Moi, j'connais, j'y a d'jà été.
L'aut'salope d'assistante sociale là, elle m'a donné une place pour aller voir *L'Avare*. Elle m'a dit tu vas rigoler. Pfff, tu parles...

Tu rent'là-d'dans, des djeules de tchu d'vant un rideau, bougent pas là pppp...

Oh dis, l'rideau y s'ouvre, des djeules de tchu encore pire!!!
Les gars là-d'dans, les perruques, les talons, les nœuds-nœuds...
Des vrais pédés, j'suis pas un pédé moi, nuance, j'aime encore mieux m'faire entchuler, tiens.
Ta djeule toi, ta djeule j'ai baisé ta femme!

Pi alors s'écoutent parler là-d'dans.
Tout ça parce qu'ils ont des perruques, alors là attention là, fiou fiou fiou,
Monseigneur le Pape...

L'aut'gros pédé avec sa moustache, y tournait pendant une heure autour de la fille là, l'aut'allumeuse avec ses nichons « Que vous prie, que vous prierais-je »...
Non mais oh dis, dis, dis, tu la baises ou tu la r'tournes?
On va pas s'faire chier non!
Pi l'autre vieux con là, l'autre idiot, avec son bonnet d'nuit « Ma cassette, ma cassette, ma cassette »
Oh dis dis dis, ta djeule t'es assis d'ssus.
Ta djeule, ta djeule j'ai baisé ta femme!

Oh dis, j'en avais plein l'tchu, d'leur connerie d'cassette là
J'fais oh, j'me casse moi!

J'sors, y f'sait nuit dis, trois heures là-d'dans, malades les gars ! J'voulais prendre une Mort subite, Mauricette fermée, Dodophe fermé, tout fermé !

J'rent'chez moi, j'ouvre la porte, y avait Jean-Claude.
Pas toi un aut'Jean-Claude, il avait baisé ma femme !
Oui !
Pendant qu'j'étais avec l'autre gros pédé là.
J'y fais, toi tu touches pas j'te casse la djeule.
Y prend son couteau, il me le fout là, là, là r'garde,
(Il montre ses cicatrices) r'garde r'garde !
J'aime pas l'théâtre !

SPECTACLE N° 4

Valérie Lemercier au Palace

Octobre 2008

D'octobre 2008 à février 2009 en tournée et à l'Olympia

P.I.M.P.

Elle entre en marchant, jambes pliées sur la chanson de 50 Cent, « P.I.M.P. ».

Marie-Aude

Elle est par terre, très enceinte, et a un gros cheveu sur la langue et parle dans l'oreillette de son téléphone.

Mais Vincent, mais on va pas rester six mois en prison pour ça !
Ah si si si, en fin d'après-midi, ils ont quand même fini par balancer trois vieux biscuits dans la cellule de Moustaki…
Non mais ça va, quand ils ont vu que j'étais enceinte jusqu'au cou, ils m'ont laissé mon Samsung, c'est sympa.
Ils se foutent de ma gueule ! Ben les policiers.
Ils connaissent pas l'oreillette Bluetooth,
ils pensent que j'parle toute seule, c'est cosmique !
Non non ils comprennent pas l'français.
Je sais bien mon cœur, mais j'allais pas me désolidariser de mon artiste.
Il chante faux comme une casserole mais il est super sympa.
Non, il m'entend pas là, il est un peu sonné.

Ça va Georges ? Ouais t'inquiète pas, on va s'en sortir, faut rester positif !

Mais non, les concerts, c'était super tranquille, tu parles des vieux anars, des communistes...
Non c'est ici que ça s'est passé, mais c'est pas un Egyptien... C'est un p'tit con d'Français qu'a foutu l'souk.
Ben oui, juste avant d'embarquer, Moustaki va pisser, attends, le mec, il le suit, il sort son portable et il le filme, oui, en train de pisser !
Moustak, il est sorti de ses gonds c'est normal, il lui a mis un gros bourre-pif dans sa gueule. Le type, il saignait à peine du nez, il a fait un scandale dans tout l'aéroport d'Alexandrie, il a porté plainte, il a pris son vol peinard et voilà, nous, on est coincés ici comme des cons avec Moustak.
J'ose même pas l'regarder ! Il est tout desséché, on lui a retiré les lacets de ses Bensimon. Attends...

Elle parle à ses geôliers.

Please, do you have a soda for mister Moustaki ?
He's not so well. Thank you.
No, no, not the father, together but not my father.

Elle retourne à sa conversation téléphone.

Quand j'pense que j'devais le déposer ce soir à 22 heures grand maximum sur l'île Saint-Louis...

Ça, c'est sûr, il serait mieux au frais chez Berthillon, devant une glace ou un sorbet.
Comment j'vais faire moi demain ?
Ben oui, ils arrivent à l'Eurostar de 16 h 10...
Ah oui ça, eux, j'peux vraiment pas les laisser dans la nature. Impossible, impossible...
Trop space.
Non ils jouent à Bercy, c'est bourré, 17 000 personnes.
Poutpout
Non non, Hortense, elle peut pas, elle a rendu son appart, elle est retournée vivre à Béziers. mmm
Elle était en coproduction sur Amy Winehouse...
Stéphane, bien sûr, il aurait été super, mais il a signé avec le Cirque du soleil, il est pris jusqu'en 2027.
Elle est arrivée Faustine ?
Ben, c'est comme du baby-sitting, ils sont un peu plus grands c'est tout...
Oh elle a dix-huit ans Vincent, ça va... En plus, elle joue du violoncelle, elle connaît la musique.
Tu me la passes ?

Elle se retourne vers Moustaki.

Ça va Georges ? Ah ben c'est sympa ils t'ont rendu ta guitare ! Tu vois c'est positif !

Coup de fil.

Allô Faustine, c'est Marie-Aude, ça va ? Ouais super bien ! T'as un p'tit peu de temps demain ?

Bon Vincent t'a dit ?
Non non, faut pas qu'tu sois intimidée, ils sont à peine plus vieux que toi, ils ont un parcours un p'tit peu moins classique c'est tout.
Alors, dans ma commode sous mes soutifs, y a une grosse enveloppe kraft avec des espèces, tu la prends.
T'as un stylo ?
Ok super !
Alors, tu les réceptionnes demain gare du Nord, à l'Eurostar de 16h10, en first of course.
Ils viennent de Glasgow, hein, tu vas voir, ils ont un accent super strong.

Bon tu les comptes discrètement, faut qu'ils soient six en permanence, et tu les pousses tous dans le minibus...

Ils auront forcément descendu quelques bières dans l'Eurostar, ils vont t'ambiancer pour faire un stop au bistrot. Tu cèdes pas. Tu sors, tu prends cinq packs de 1664 sous l'bras, t'oublies pas le ticket de caisse, et tu remontes dans le minibus.

Bon, tu passes au stock Agnès B, là ils prennent ce qu'ils veulent, des vestes, des sweats, des pin's...
Oui, on a un deal avec Agnès B, elle soutient les artistes.

Bon c'est pas un secret, hein, t'as dû voir ça dans la presse, ils sont tous plus ou moins défoncés, oui, sauf un qui carbure au muesli, bizarrement c'est le plus casse-couilles.

Tu verras, il s'appelle Blake, il est marrant, il est super sale.

Donc, à un moment donné, sois pas surprise, ils vont forcément te demander de leur fournir des substances... Ben des substances illicites Faustine, faut pas se voiler la face hein les espèces, c'est fait pour ça.
Par contre, s'ils veulent de l'ecstasy, là c'est niet, ça donne juste envie de baiser, et sur scène ça sert à rien.
... Ben tu fais un stop à Barbès, tu rases les murs, tu fais un p'tit sourire con, au bout d'cinq minutes, on va forcément t'accoster.
... Non non non ma puce, pas de ticket de caisse de rien du tout, et tu te casses rapidos, c'est bourré de flics en civil.

Elle se retourne vers Moustaki.

Hé Georges, Georges, si tu leur chantais un p'tit bout du « Métèque » ! Ça peut peut-être être positif... Pour sortir...

Retour à son coup de fil.

Non non, tu leur chantes rien du tout Faustine, je parle à Moustak... à Moustaki.
Bon toi tu files à la salle pour la balance.
En arrivant à Bercy, devant l'entrée des artistes, tu vas forcément tomber sur deux sœurs complètement brindzingues. On les connaît hein, c'est deux grosses jumelles plus ou moins gothiques qui habitent Toulouse, elles les suivent partout, elles sont super dangereuses.

Quand elles vont te voir, elles vont vouloir te casser la gueule, tu laisses pisser.
Malheureusement, on peut pas faire grand-chose, leur mère se tape un commissaire du Quai des Orfèvres.

Voilà, t'emmènes les garçons backstage.
Si les mecs de la sécurité te pincent un peu le cul, tu te formalises pas, c'est la tradition.
Pendant la balance, c'est bien, t'as le temps de souffler un peu, tu casses une petite graine avec les technicos, un peu d'saucisson, un morceau de Caprice des Dieux, tu verras c'est sympa !
Bon tu sautes le dessert, t'es quand même là pour les suivre à la trace.
L'essentiel, c'est d'assurer le spectacle.
Faut que tu sois super réactive jusqu'au bout Faustine, hein, surtout pendant le concert.

Entre les morceaux, si tu vois qu'ils sont en descente, ça se voit tout de suite, tu les sors de scène, tu les prends un par un, et tu les bourres de gâteau de Savoie.
T'en profites pour remonter un peu les jeans.
Taille basse et oversize, on a déjà eu des petites surprises.

Après le dernier rappel, surtout tu les canalises direct dans le minibus !
L'année dernière, ils ont sinistré les parois en pelouse du palais omnisports. On a reçu la facture, douze kilomètres

de rouleaux de gazon qui pousse en biais, j'peux te dire, ça douille.
Ben voilà, t'as presque rempli ta mission !
Après, l'concert, tu verras, c'est un festival de miss culotte-sur-la-tête qui vont leur tourner autour, pour toi c'est peanuts c'est que de la traduction.
A 7 heures du mat grand max, t'es au lit.

Tu dors ce que tu peux, vers 11 heures tu passes les réveiller au Bristol.
Tu t'en fous, tu rentres dans les chambres. Balance des seaux d'eau hein y qu'ça qui fonctionne.
Ah oui, pour le breakfast, il leur faut absolument leur speed flakes... Leur speed flakes !
C'est un bol de bière avec des corn flakes dedans, c'est pas à la carte bien sûr, hein tu vois ça avec le room service.
Oui oui, à Glasgow, dès six ans, ils prennent tous ça maintenant pour aller à l'école, il paraît que ça booste bien.
Bon si ils ont destroyé les junior suites, taxé les sorties de bain, on s'en fout hein c'est pas pour nous, c'est pour la maison de disques.
L'essentiel c'est qu'ils soient bien dans le Thalys de 12 h 25 pour le concert de Bruxelles.
Là-bas y aura quelqu'un pour les réceptionner, c'est plus de ton ressort.
Voilà, moi, je crois qu'en fait, ben j'vais accoucher ici, avec Moustaki.

Toi, tu passes rue de Saintonge, tu t'offres tes fameuses boots, tu peux même en prendre deux paires si tu veux, et tu files au conservatoire, pour ton cours de violoncelle ! Oui, de solfège pardon. Tu connais la musique !

Côté bastide

Il a l'accent du Sud.

J'ai pas besoin de le dire que les idées prennent vie du côté de chez moi ?
Je préfère. Très bien. Bon. J'y vais, j'y vais...
Bonjour, je suis Jean-Claude.
Bienvenue chez nous, bienvenue en notre bastide.
On a voulu faire de cet endroit un lieu de vie.
Quand on s'est rencontrés avec Eliane, ma compagne, le besoin s'est vite fait sentir de trouver un espace où poser notre chouette famille recomposée, ses trois grands et les deux miens, notre tribu comme on dit !!
Hé oui, avec Eliane, on fonctionne pas mal sur le mode de l'humour.

On l'a cherchée longtemps, on avait presque renoncé et puis, un beau matin de novembre, il y a maintenant dix ans, cette grande garce de bastide nous a sauté à la gueule.

Un peu comme une évidence.
C'est une vieille dame, elle a plus de deux cents ans, au début elle nous snobait un peu, il a fallu l'apprivoiser, maintenant elle est devenue un personnage, un membre à part entière de notre famille, qui parfois nous joue bien des tours.
Elle aussi ne manque pas d'humour!

On a respecté ses proportions, même si dans certains de ses volumes, on l'a un peu bousculée, c'est vrai.
Mais on a vraiment voulu garder son plain-pied d'origine, afin que les énergies puissent circuler en toute liberté.
Quitte à en choquer plus d'un, on a tenu à ce qu'ici plusieurs discours cohabitent,
ainsi l'exubérance de la mosaïque d'inspiration marocaine flirte avec la rigueur de la pierre régionale.

Tous ces métissages l'ont enrichie.
Maintenant elle nous ressemble, elle est faite de nous, de nos insolences.
« Vivre et laisser vivre » côté bastide, c'est un peu la devise.

Eh oui, vous l'aurez sans doute deviné, je suis, ce qu'on appelle, un libre-penseur...
Enfin je le suis devenu grâce à ces deux folles qui me bouffent la cervelle mais ça me plaît, cette vieille carne de bastide et Eliane, ma tendre et douce compagne.
Eliane qui vous revisite le quotidien avec une de ces poignes...

Elle a surtout un vrai don pour détourner les objets de leur fonction première.
Voyez, d'une vieille cafetière Moulinex bonne pour la casse, elle vous fait une lampe digne des plus grands designers.

Et ça ça je dois dire que ça me touche énormément cette idée de seconde chance, un peu comme si toute ma vie était basée là-dessus... Comprenne qui peut...

Voilà, c'est tout simplement notre lieu de vie, notre lieu d'amour et bien sûr... d'humour.

Depuis que notre marmaille a quitté le nid, on vit un peu à l'heure espagnole.
On en a profité pour revisiter la circulation des espaces, on a abattu des cloisons, descendu quelques murs...
Plus rien n'arrête le regard, ce ne sont plus que lignes de fuite qui s'articulent autour du cœur battant de la maison, notre grande cuisine mi-provençale mi-professionnelle.
Eh oui, maintenant que les enfants sont partis, on se reçoit beaucoup entre adultes.
Oui...
On s'ouvre une bonne terrine entre gens de bonne compagnie.
Et là, les langues se délient, les haleines se côtoient, loin de tout parisianisme germanopratin... Comprenne qui peut!
Chacun vient chercher ce qu'il veut, partager un instant de parole, un moment de silence même, un geste tendre, une caresse, chacun est libre...

Encore une fois « Vivre et laisser vivre » c'est le credo de cette bastide.
Et d'ailleurs Ludo, c'est bien Ludo ton prénom ? Si tu veux rester ce soir, après le tournage, tu es le bienvenu.
Tu feras la connaissance d'Eliane qui, je ne te le cache pas, est très sensible de la pointe.

Nous avons de plus en plus de passage, des gens venus de tous les horizons, de toutes cultures et beaucoup beaucoup de nouveaux amis hollandais.
Toutes ces rencontres m'ont transformé, ont fait de moi un autre homme, j'ai appris à partager Eliane et à aimer la partager.
« Personne n'appartient à personne. »
Comme elle aime à me le répéter après avoir pas mal roulé sa bosse en milieu libertin.

C'est d'ailleurs au cours de ces échanges, de ces moments de grande convivialité, que j'ai eu la chance, par le plus grand des hasards, de tomber sur Patrick Sébastien, un type extra !
Un mec formidable, avec un cœur gros comme ça, et puis surtout surtout de l'humour à revendre !
Pourtant j'avais de gros a priori.
Moi, les zozos de la télé, les paillettes...
Mais lui... ffff c'est que de l'humain.
C'est amusant d'ailleurs, on s'est aperçus, parce que c'est vraiment devenu un ami, qu'il était un peu comme Eliane, très sensible de la pointe.

Je vais peut-être te paraître grandiloquent, mais je t'assure que voir la tête de ce type se transformer quand le désir monte et qu'il commence tranquillement à venir, c'est impressionnant, c'est du grand art, chapeau l'artiste ! Une rencontre comme ça, ça n'arrive pas tous les jours dans une vie d'homme.
Eh ouais ce mec c'est que du bonheur.
Ah bè justement quand on parle du loup...
Monsieur Patrickeu Sébastien, au naturel, en jogging...
Salut mon Patrick ! Tu vas bien ? Tu as vu un peu ce soleil ? Tu viens voir Eliane ?
Elle est là, elle t'attend, elle sera ravie de te voir. Elle s'impatiente...
Je termine avec Leroy Merlin et *(clin d'œil)* je vous rejoins...

La honte

Elle traverse le plateau en biais en marchant vite.

J'ai dit à mon futur mari que j'avais mon bac avec mention, je n'ai pas mon bac du tout.
Il l'a appris par hasard ce matin, nous nous retrouvons au cinéma dans un quart d'heure.

La voisine équitable

Oui non, j'voudrais juste savoir si, par hasard, ce serait possible de faire un tout p'tit peu moins de bruit.

J'comprends hein, même si c'est pas tout à fait mon truc, qu'on ait besoin d'se défouler mais là, c'est beaucoup là hein... franchement, vraiment...
Est-ce que vous pensez qu'un petit garçon de trois ans et demi a le droit de dormir tranquille le soir dans sa chambre à partir de 20 heures ? Oui, non ? Je sais pas hein, je pose la question.
Vous avez déjà vu le conduit auditif d'un bébé de quatorze mois ?
Je sais pas, mais là, moi, en tant que maman, je me sens pas d'aller lui enfoncer une paire de boules Quies là tout de suite, en remontant chez moi. Je je j'sais pas comment vous dire, j'peux pas, j'y arrive pas, ça craint.
Ah oui, juste une toute petite chose, il fait très chaud chez vous. Vous savez qu'à 18 degrés, avec un bon pull, on vit très bien. On vit très bien et on voit un tout p'tit peu plus

loin qu'le bout d'son nez. Ch'sé pas moi mais de temps en temps, j'essaie de pas trop oublier que j'suis pas toute seule sur la planète Terre.
Voilà c'est tout, allez, bonne soirée !

Stéphanie (petite fille)

Elle tient son écharpe en l'air.

C'est un cadeau de ma tante, c'est son nouveau mari qui lui a offert mais elle l'aime pas.
Enfin, elle aime pas l'écharpe, lui elle l'aime bien... Enfin je crois... Enfin j'espère.
Non non j't'assure j'ai pas très faim, c'était un peu à prévoir, j'ai mangé plein de chips chinoises.

Vas-y hein, tu peux prendre tout ce que tu veux dans l'frigo, ah oui non euh sauf les saint-marcellin, parce que c'est à mon beau-père, et sinon il va pas me parler du tout pendant trois jours.
Il est artiste mais il est quand même très à cheval sur la nourriture.
Si jamais tu veux aller aux toilettes, non mais si jamais, c'est dans le couloir, la deuxième porte à gauche, surtout pas la première parce que là c'est chasse gardée.

Même moi j'ai pas l'droit d'y aller.
D'ailleurs je n'y vais pas.
C'est le cabinet de ma mère, elle est psychanalyste.
Tu veux quand même aller voir comment c'est dedans ?
Tu sais y a personne hein !
Oui mais même si ça t'intéresse pas, ça peut quand même être instructif.
Comme ça après, si tu veux, tu me racontes.
Toi c'est pas pareil, tu peux, tu peux te tromper de porte, ça arrive...

Les clients, enfin les patients de ma mère, eux ils ont pas le droit d'aller aux toilettes du tout. Non.
Oui je sais, parce qu'un soir, y a un monsieur qui a voulu y aller, et ma mère lui a dit non vous n'êtes pas là pour ça.
Après j'lui ai demandé pourquoi, elle m'a dit, eux savent très bien pourquoi.
Bon...
Mais bon si tu veux pas aller voir j'comprends très bien.

De toute façon quand je suis dans ma chambre, j'entends absolument tout.
J'le dis pas à ma mère pour pas qu'ça la bloque, mais j'adore écouter.
C'est ma passion, je trouve ça très intéressant.

Ils ont des très très gros problèmes tu sais.
Ben oui parce que, comment dirais-je, parce que personne ne s'aime en même temps.

Mais personne !
Tu vois par exemple y a un patient le samedi matin qui vient, celui de 11 heures, alors lui, il adorait une femme et elle euh visiblement pas tellement. Bon...
Pendant toutes les séances, il nous parlait que d'elle, il nous cassait les oreilles avec elle, finalement il a eu de la chance, elle a fini par quitter son mari, elle s'est même mariée avec lui et maintenant il dit qu'il a envie de la tuer.
Mais bon, bien sûr, il le fait pas à cause de son travail.

Le problème de l'amour c'est que c'est beaucoup trop de souffrance.
C'est pour ça que moi, j'ai décidé une bonne fois pour toutes, de ne jamais commencer.
Ils arrêtent pas d'se lamenter.
Voilà pourquoi je ne pleure absolument jamais.
Ma mère, elle voit ça toute la journée, elle doit en avoir ras le bol.

Y a une dame elle est trop marrante, elle s'étouffe tellement elle pleure.
Ouais, elle voulait des enfants, elle en a eu et elle en veut plus.
Ma mère lui donne des mouchoirs, elle se sèche et puis ça va mieux.
Après, en sortant, elle va au Monoprix en face. J'la vois par la fenêtre.
Ils vont tous au Monoprix après, je sais pas pourquoi.
Mystère mystère...

D'ailleurs c'est très bizarre, parfois ils ressemblent pas mais pas du tout à ce que j'imaginais.
Y a un monsieur qui a une grosse voix, eh ben en fait il est pas gros du tout.
Il est super drôle, c'est mon préféré, il a une grosse voix, il parle comme ça :
« Sylvia me torture, il ne s'est toujours rien passé depuis quatre ans. A quoi joue-t-elle ? Ces enfantillages commencent à me fatiguer ! »
Alors lui je l'adore ! Quand j'entends qu'c'est lui, j'prends vite mes nouilles et je vais les manger dans ma chambre !

Les gens qui comprennent rien, ils viennent très longtemps...
Y en a une, j'la connais au moins depuis qu'suis née, maintenant elle a un chignon.
Elle travaille chez Gallimard, à l'administration, elle est amoureuse du coursier.
Elle voudrait bien qu'il lui retire tous ses vêtements et que lui par contre il garde son casque, mais ça n'arrive jamais.
Enfin si, lui il garde son casque c'est tout.

Tu sais qu'on a même un patient qui vient tous les jours tellement il souffre !
Il est toujours en survêtement, d'ailleurs tout le monde croit qu'il habite l'immeuble.
La gardienne à Noël, elle lui a même demandé des étrennes.

Alors lui… Il aime énormément sa femme, mais il préfère faire l'amour avec une autre, qui, elle-même, n'aime pas tellement ça.
Heureusement qu'il a ma mère…
Elle est très forte. Pourtant elle dit presque rien.
Comme en plus elle parle un peu dans sa barbe, j'entends pas très bien. J'entends juste :
« Oui, oui, dites, dites. »
Alors qu'avec moi elle est beaucoup plus dynamique :
« Oui t'es vraiment très chiante hein, t'as mis de la sauce soja partout ! »
Moi je préférerais qu'elle me dise « Oui oui très bien Stéphanie, continue, ma chérie, c'est très bien ». Mais bon c'est normal, je suis sa fille.

Non, le seul inconvénient ici c'est que je peux absolument pas faire de bruit,
ben c'est surtout pour ma danse que c'est délicat.
Ben oui parce que j'suis obligée de faire toute la musique dans ma tête. De tout compter à l'intérieur.
Elle danse.
C'est pas évident.
T'es sûre que tu veux pas aller voir comment c'est dedans ?
C'est dommage, ça t'aurait fait une bonne expérience mais bon…
Remarque, si je veux, je peux très bien y aller moi-même.
Ben oui, j'achète la grande perruque rousse avenue Emile-Zola à côté de chez ma grand-mère, je prends rendez-vous,

je rentre, j'm'installe tranquillement, j'regarde bien bien partout et je dis : « Je souffre énormément. »
Mais bon, ptptpt, je pense qu'elle me reconnaîtrait très vite. Ne serait-ce que par la taille...

Ma grand-mère, elle veut tout le temps m'emmener au cirque...
Elle veut absolument que je voie des clowns pour me détendre. Ils parlent comme ça
« Baonjour les jenfants comment cheu vaaaaa »
Les enfants sont hystériques !
J'veux pas la vexer mais je préfère mille fois écouter les patients d'ma mère, tu parles, ça m'apprend beaucoup plus la vie...

D'ailleurs si tu veux tu peux m'poser des questions.
Mais oui j'vais m'coucher mais tu sais ici j'ai pas vraiment d'horaire précis, faut juste que je sois à peu près en forme pour l'école, et comme ma moins bonne note c'est dix-huit et demi, ça va on n'est pas inquiets.

J'aime bien ton p'tit top, ça a l'air doux, j'ai presque le même mais en bleu, mais tu sais un beau bleu, pas bleu foncé non bleu un peu, un peu comme mon justauc... mmm j'allais dire bleu comme mon justaucorps de danse tu l'as jamais vu.

Et toi, t'as une relation suivie ?
Ah ben c'est mieux, comme ça t'es pas obligée d'aller en parler à quelqu'un après.

Manuela, tu sais celle que tu remplaces, elle a pas de relation non plus.

Non, elle pourrait en profiter, tu vois, comme en plus elle vient souvent me garder, ça lui fait de la compagnie.
Ben non, elle cherche un mari à tout prix.
Elle le cherche chez nous. Dans notre ordinateur.
Je sais parce que je regarde son historique, quand elle part.
A mon avis elle a des critères beaucoup trop spécifiques…
Elle veut absolument un kinésithérapeute, bricoleur, skieur, non-fumeur, catholique.
Mais bon, comme, en plus elle a plein de petits poils frisés partout sur les joues, ça va pas être facile…
Enfin heureusement, ça se voit pas trop sur sa photo.
C'est un peu sombre, c'est pris dans une église au Portugal.

Oui oui j'vais me coucher, de toute façon, ça tombe bien, j'suis crevée.
Je suis désolée, on a pas de télé.
Tu peux jouer au Solitaire si tu veux, y en a un sur la table.

Et si tu veux aussi, tu peux aller voir comment c'est dedans, comme ça la prochaine fois, tu me racontes.
Oui enfin, si tu reviens.
Elle part et revient sur ses pas.
Non mais c'est par là ma chambre…

Madame Cadinot

Elle a les mains pleines de crème avec une voix très aiguë.

Oui maye, oh la laye pfff cinéma hein, oh l'travail, ça va pas mieux là-bas, mmm alora ma m...
Dites, dites, on a toujours le même gendarme non ?
C'est pas vous qu'était déjà là à l'accident à monsieur Soudé ?
Il m'semblait bien, est moi qu'avais téléphoné. Ça va pi vous ? J'suis dans ma crème alora ma m. Fait chaud hein !
Ah bè oui on a l'habitude hein, on connaît, on connaît, cinéma hein pfff...
È la cinquième fois qu'a fait ça hein... oui cinq fois.
C'qui a, c'qu'a voudrait, c'est qu'on soye tous là autour de la maison là.
« Ça va ti Sylvie, ça va ti mieux ? »
Moi j'y vais pas dites hein, pas qu'ça à faire, cinéma hein !
La cinquième fois qu'a fait ça hein.
Là, a l'a pris deux tubes de médicaments, ça y a pas suffi hein.

A l'est là, avec sa robe à Dalida.
Cinq fois qu'a fait ça !
Ben trois fois les médicaments, une fois les veines, pi la première fois était l'Paic citron, a l'avait avalé toute la bouteille, a l'avait d'la mousse qui lui sortait par la tchulotte, on rigolait avec Jacqueline.

Oui mais, a sait pas s'qu'a veut hein !
È quand même pas compliqué que d'pas se louper !
Ben comment qu'il a fait monsieur Dévé d'Brametot hein ?
Il est allé à sa poutre avec sa corde, pi allez hop, on en parle plus hein !
Oui mais là l'cinéma hein ! Oh ! l'travail !
... Non, non a travaille pas, non.
Dites, comment qu'on faisait nous avant hein ?
A douze ans on travaillait déjà, pas l'temps d'boire du Paic citron.

Quand qu'a s'était taillé les veines, a l'avait son gosse qui lui courait après là,
moman, moman !
Oui a l'a un fils, Mick, a l'était en cloque a l'avait quinze ans, ça y fait quinze ans au gosse.
A l'avait commencé à travailler, a voulait vendre les produits Avon...
A s'est arrêtée en plein milieu du stage.
A l'avait pourtant son père qui y prêtait la voiture, il est encore trop gentil lui il lui passe tous ses caprices hein.
Non non non l'a même pas son'permis... ptt.

Avec la voiture a pouvait très bien travailler l'matin pi s'occuper du gosse l'après-midi, était pas compliqué hein ! A seu n'n'est jamais occupé comme il faut d'toute façon du gosse, à trois ans a lui mettait des robes de fille, des bigoudis dans les ch'veux, a le laissait posé toute la journée sur son lit comme une poupée, cinéma hein, oui maye !
Le gosse maintenant il est un peu attardé hein, il va pas encore à la grande école hein.
Pi moi j'me d'mande même si il s'rait pas dev'nu un peu... hein... *(geste homo)*
Il met d'l'odeur à sa mère, ça cocotte oh la laye, faut qu'il s'change trois fois par jour hein...
Oui ! tout ça pour aller sur la route, y a personne.
Il va pas faire une touche hein, hein, ça va y aller chez Michou. Cinéma hein !

L'aut'jour a l'était là à ma porte la grande bourrique là, a voulait un couteau d'cuisine, un couteau d'cuisine.
J'y fais, « Qui qu'tu vas faire avec ça Sylvie ? »
A m'fait : « Non rien è pour couper mon poulet » avec son air là, on y mettrait deux claques.
J'y fais « Où qu'il est l'poulet ? » hein voyais bien qu'a l'avait pas ram'né d'poulet, a l'est même pas capab de faire cuire une pomme de terre alora ma...
Ah bè j'y fais j'en ai pas moi dites qui c'est qui va nettoyer après è vrai.

Ooooh bè sa mère était pas mieux, oh lalaye la traînée !

Oui maye, fallait la voir à la fête à Brametot, tout l'monde était là autour des manèges, personne faisait d'mal hein.
A s'approchait d'un gars qu'a connaissait pas, hein, voyait bien qu'a connaissait pas,
deux minutes après, elle lui roulait des pelles dans les autos-tamponneuses,
oh pi a fermait les yeux pffou, d'vant la gamine, pi l'mari.
Cinéma !

A l'était pas maligne, mais quand qu'y s'agissait d'trouver un coin pour s'faire TRIPOTEY,
ça galopait là-d'dans hein, pi après pas, è pas compliqué,
a l'enlevait sa tchulotte pi allez hop, a prenait sa giclaye !
Oh ba dites, dites, dites, è plutôt pour l'pé Sannier qu'est pas marrant.
Hein dites, pauvre bonhomme hein, avoir à la maison, une traînée, une suicidée, pi l'aut'pédé là, j'aimerais mieux être au cimetière moi, est vrai !

Hein, è pas étonnant qu'après, il s'fait des pâtes, il les met dans un torchon, pi allez hopa...
Vous voyez c'que j'veux dire hein...
Ah bè Jacqueline l'a vu à l'œuvre hein.
Bè il fait sa p'tite affaire tout seul là-d'dans tiens.
Après, un coup d'Paic, il rince, pi allez hopa, bon appétit la famille Sannier !

La voisine équitable II

Oui c'est bien ce que j'pensais, vous n'avez pas, mais pas du tout compris.
On vous entend jusqu'au cinquième étage.
Je sais, je suis montée.
J'ai un mari qui bosse dans une ONG douze heures par jour, il a peut-être le droit le soir, de rentrer chez lui, de s'allonger et de faire le vide aux côtés de sa p'tite femme.
Il me semble non? Qu'est-ce que vous en pensez?
Je sais pas je parle huit langues et avec vous j'ai l'impression qu'il m'en manque une...
Non non mais vous avez une attitude typiquement franco-française hein, j'ai eu la chance d'échapper à tout ça en partant vivre à l'étranger, et là, d'un seul coup, ça ça me revient en boomerang.
C'est hou a hou a ho, c'est violent.
C'est comme vos ampoules là. Vous savez qu'à 25 watts, on lit très bien.
Je sais, j'ai un gros défaut, je lis beaucoup.

En même temps peut-être que ça vous rassure toute cette lumière...
Non mais je sais pas j'essaie juste de comprendre hein, enfin de vous comprendre.
Vous savez, on a tous eu un jour un frère plus beau, une mère atroce...
Mais bon, y a un moment dans la vie, où je sais pas moi, mais il me semble qu'on devient adulte, non ?
Moi, on m'a volé mon adolescence, j'en fais pas tout un fromage.
Maintenant si c'est votre truc de ricaner bêtement la bouche ouverte comme ça.
Non non mais ça m'arrive aussi de m'amuser, merci, je sais c'que c'est qu'l'humour hein, j'pratique.

Alors ça c'est peut-être pas drôle mais j'tenais quand même à vous l'dire.
Les piles, ça va dans aucune poubelle, du tout...
Ni la verte, ni la bleue, ni la jaune, ni même la blanche.
Ça se jette pas du tout les piles. Toxicité maximale !
C'est quand même pas sorcier, d'un coup de bus, d'aller les porter dans un des trois écocentres de la région parisienne.
Y a même des Noctambus, puisque vous avez l'air d'aimer la night.
Allez bonne nuit, m'obligez pas à revenir...

La vieille France

Elle est très saoule.

Jean d'Ormesson, mon amour,
Comment ça va ?
Qu'est-ce que tu fais là ?
T'es magnifique, mais t'es magnifique !
J't'avais pas r'connu sous ton petit bob Roland-Garros.
Tes p'tits yeux bleus.
Ta p'tite tête de lionceau.
Mais c'est la vieille France !
C'est tout l'esprit du tennis !
Moi, j'suis invitée par la BNP, BNP Paribas, partenaire officiel du tournoi.
Et j'suis bourrée figure-toi...
A la cuvée Potel et Chabot-Madame Figaro.
Mon amour qu'est-ce que t'es beau !
Qu'est-ce qu'on va faire de toi ? Mais qu'est-ce qu'on va faire de toi mon bébé ?

Oh, mais c'est Jean-Loup Dabadie!
C'est la vieille France.
Comment ça va ? Qu'est-ce que tu fais là ?
Je t'avais pas reconnu mon amour sous ta casquette Trophée Lancôme.
T'es magnifique, mais t'es magnifique !
T'as bien fait de faire ces UV, dix séances en cabine douze.
Et c'est reparti pour une année !
Mais oui, couleur terre battue, t'as tout compris mon chéri.
Tout le charme de Roland-Garros dans Paris intra muros.
Fin mai début juin, qu'est-ce que c'est bien !
Des canapés à volonté !
Mon amour, tu d'vrais goûter...
Toutes ces assiettes baltiques.
Ces camions frigorifiques.
C'est tellement sympathique !
Qu'est-ce que j'vais faire de toi, mais qu'est-ce que j'vais faire de toi mon bébé ?

Oooh c'est pas vrai, PPDA mon p'tit chat, qu'est-ce que tu fais là ?
J't'avais pas r'connu, mon amour,
sous ta casquette Perrier c'est fou.
T'es magnifique, mais t'es magnifique !
Mais c'est la vieille France, c'est PPD contre vents et marées.
Regarde, cet œil de chien coquin,
Ce p'tit sourire en coin.

Qu'est-ce que je vais faire de toi mon p'tit chien ?
Ouaf ouaf !
Ben oui, j'suis bourrée... Ça se voit pas ?
A la cuvée Marionnaud, 200 millilitres en vapo.
Ça s'refuse pas c'est des cadeaux.
Regarde tout c'que j'ai gagné, ah oui, ça, j'ai bien profité !
Dépêche-toi mon p'tit chat, Roselyne Bachelot va finir toutes les surprises des pains surprises.
Oh là là toute cette vieille France sur terre battue.

Oh Alain Decaux, mon amour, j't'avais pas vu !!!

La honte II

J'étais chez moi avec ma sœur, ma femme de ménage a traversé la pièce, elle portait le pull que ma sœur m'a offert pour mon anniversaire.

Anh Dao

Elle est assise, les jambes ne touchent pas le sol, elle parle avec un accent asiatique.

Tout à fait oui avec mon nouveau mari là c'était coup deu foudre ! Tout suite !
Oui, c'est expliqué page 14 dans mon livre, éditions Robert Laffont...
Ah quand j'ai vu, j'ai dit, lui c'est pour moi, après me suit partout.
Ah oui il est beau hein ! Habillé il est beau mais tout nu, encore plus beau ! 20 sur 20 !

... Non non, il savait pas, pas du tout.
Au bout deux jours, j'ai dit chéri, je dois dire quelque chose important.
J'ai été recueillie par des gens que forcément tu as entendu parler.
J'ai dit le nom, il voulait pas croire, il voulait pas, il a dit moi menteuse.

J'ai montré photos avec mes parents de cœur.
Moi, en pyjama, entre Jacques et Bernadette, et là, il a dit ah d'accord.
J'ai dit la chance que j'ai, rencontrer personnes aussi marveilleuses, un homme aussi marveilleux, si grand envergure.
Un grand nom de l'histoire.
Qui, soit dit en passant, méritait pas partir, non.
D'ailleurs, il n'a pas dit son dernier mot. Vous verrez...
Il va revenir, avec petite maman de Corrèze. Pace que lui 20 sur 20 !
Oui, c'est lui-même a trouvé moi, quand arrivée Paris Charles-de-Gaulle, un matin 79, très froid dehors, beaucoup parsonnes sur le tarmac.
Moi euh, je pleurais beaucoup, beaucoup tristesse.
Et là grand monsieur s'est penché vers moi, jamais vu avant, grand mains, grand nez, grands pieds...
M'a tendu grand mouchoir blanc. Il m'a dit pourquoi pleurer ?
J'ai dit moi pleurer pace que là-bas, dans mon pays, beaucoup alcool, beaucoup opium, beaucoup bâton.
M'a porté dans ses grand mains, m'a installée arrière CX noire, beaucoup motards beaucoup pin-pon.
Arrivée Marie de Paris, grands buffets. Beaucoup mangé avec mon nouveau papa de France.
Au début caca mou, après estomac habitué, ça va.

Le soir, maman de Corrèze a montré la chambre, petit lit bleu, et a dit, maintenant moi prier pour toi.

Après mon papa l'est venu ! L'a donné cartable, l'a donné crayons.

Elle est très émue.

C'est des moments je peux pas oublier. Beaucoup émotion volcan volcan...
Pardon beaucoup souvenirs,
Et là, plus jamais alcool, jamais opium, jamais bâton...
Pardon.

Elle retrouve le sourire.

... Mais oui, comme un papa normal, tous les soirs en rentrant bisou nounours, bisou moi.
Il aimait bien rigoler, et là c'est anecdote : tous les deux on faisait concours, qui mangeait poulet entier plus vite possible. Lui, grand seigneur, laissait moi gagner toujours.
Maman pas contente, mais nous bien rigoler...
Vous savez moi je sais des choses qui se souvient peut-être même pas lui-même, et qui peut servir exemple pour tout un chacun.
Un dimanche matin, petit déjeuner, maman partie à la messe.
Nous on regardait cassette sumos. Un petit moineau avec une patte cassée est rentré dans la cuisine, et là c'est encore anecdote...
Papa l'a vite fini son eskimo praliné, et, avec le bâtonnet a fabriqué lui-même attelle de ses grand mains.

L'oiseau est reparti libre et heureux !
Encore une fois moi je dis 20 sur 20...

Oui je sais déjà raconté mais c'est anecdote quand même ! Mais oui quand même beaucoup travail, lui retournait souvent dans grand bureau doré.
A l'époque fumait beaucoup, 4 paquets Wiston rouge, mais concentration.
Oooh parfois lui rentrait tard. Ah oui, même très tard la nuit, tout doucement, en chaussettes, sur la pointe de pieds, avec ses grand chaussures à la main, disait moi, chut chut maman dodo. Grand travailleur !

Oui, bien sûr évidemment, écrit mon livre tout seul, j'étais à l'école quand même, même si quitté en cours de route.
Bah oui, parce qu'un matin, j'ai tombé dans la cour récréation, on m'a transportée hôpital Val-de-Grâce.
Là, le docteur a fait radio, analysé tibias et dit, toi pas sept ans, toi trente-cinq ans.

Très vite maman de Corrèze a repris cartable, repris crayons, confisqué nounours et donné cardigan.
Après m'a emmenée à l'église, manger le comprimé de Dieu, très bon.
... Ah mais ça fait rien, toutes religions bonnes, à condition pas excès c'est tout.
Papa a dit, vite trouver mari, quitter vite maison dorée.
Voilà...

Mais oui, bien sûr évidemment! Oui... J'ai gardé un très bon contact avec ma famille de cœur, m'envoient une carte postale UNICEF chaque année pour Noël.
Sont toujours restés un modèle pour moi.
Un mari exemplaire toujours très présent aux côtés son épouse, jamais levé la main sur elle, toujours donné beaucoup mangé.
Encore une fois, moi je dis 20 sur 20!

Ah non... Mais pas du tout, pourquoi insinuer? Faut pas dire ça!
Vous connaissez beaucoup vous, homme qui reste quarante-six ans avec même femme, jamais alcool, jamais opium, jamais bâton, toujours bisou.

Y a des parsonnes qu'ont des comportements de n'importe quoi, on dit rien du tout.
Et lui, il peut pas se défendre. Il n'a pas dit son dernier mot vous savez.
Vous intéressez qu'une chose, scandale et compagnie.
Vous vouloir moi fouille-merde, mais pas moi.
Je mange pas ce pain-là moi. Hein dites donc alors...
Un peu mémoire, Monsicur, s'il vous plaît.
A votre avis combien méda... Laissez-moi parler, laissez-moi parler, combien médailles il a décerné en demi-siècle carrière hein? Non, non, 25 320.
Bouche un coin ça non?
Ah non hein, pas compter sur moi pour taper à bras raccourcis sur famille de cœur, quand même.

Permettez-moi me lever monsieur, et quitter antenne.
Vous, racontez vos bêtises tout seul. Ça va la fin !
Il est une heure du matin, même pas donné morceau saucisson à moi, rien du tout.
On traite pas les personnes comme ça.

Non pas bisou, certainement pas, pas bisou à vous, vieux rat crevé !
Allez-y, donnez bâton si voulez, moi pas peur.
Pouvez toujours marcher sur mon corps, moi jamais dire saloperie de France et de mon papa de France...
Et vous verrez ce que je dis, il n'a pas dit son dernier mot !
Les chats font pas des chiens, ventre affamé n'a pas d'oreilles.

Oh Nil!

Elle traverse le plateau dans la position des personnages de bas-reliefs égyptiens avec une voix de théâtre démonstrative.

Oh Nil! Axe absolu de l'Egypte, tu as jeté ton fils Akhenaton en dix morceaux dans le Nil, à toi de les retrouver.
Les dieux de Thèbes n'ont point annexé la Nubie en ton antre... mais ont sacrifié ici leur chef, assurant ainsi leur victoire jusqu'à l'Euphrate.

Anubis, reine de Khéops, tes scribes et tes oracles t'entendent encore gronder dans les ténèbres.
Ton courroux envers Ramsès III puis Aménophis IV n'a d'égal que l'orage qui éclaire ce sanctuaire, trait d'union entre les dieux et les hommes.

Jean Vilar, le palais des papes et la Haute Egypeuteuteu te regardent...

Les Artistes dramatiques de la maison de Jean-Baptiste Poquelin dit Molière t'ont offert, ami, ce son et lumière.

L'actorat français de qualité te salue.

Mireille ou La Maison du café

Elle a l'accent de Perpignan et peine à s'asseoir.

Tapotez bien la dosette ma petite Virginie, sinon vous aurez du jus de chaussette.
Oui, oui, c'est la Senseo, c'est pareil...
Vous lui direz pas que je vous ai téléphoné hein.
Il veut jamais que j'appelle ses amis, c'est pourtant sympathique.
J'aurais pu aussi appeler son frère, c'est vrai, mais il a une vie lui...
Vous aussi bien sûr, mais bon, le samedi matin avant 9 h 00, ça roule bien dans Paris.
Voilà, le bouton de droite, si ça veut pas couler, il faut réappuyer.
Oui, oui, c'est la Senseo, c'est pareil, c'est très bien.
Vous avez aussi des sucrettes là, sur votre gauche.
Oui, moi je suis comme vous, je le préfère carrément sans sucre, mais bon Florent il prend que ça lui, alors je les lui achète...

Ça fait un moment qu'on nous dit que c'est cancérigène ces sucrettes, enfin bon...
Ça a l'air d'aller hein...
Suffisamment pour aller à New York juste pour le week-end.
Qu'est-ce qu'il a besoin d'aller écouter Barbra Streisand.
A quoi ça sert ?
Il pense qu'à ça les actrices, les chanteuses...
Marlene Dietrich, Maria Callas, Colette Renard, c'est quand même pas de son âge, c'était déjà pas du mien...

Pardon de vous avoir réveillée mais j'ai eu si peur avec ces deux lettres.
Je peux pas les ouvrir avec mon coxy, eh oui, on sait jamais ce qu'il y a dans ces enveloppes...
Surtout la bleue évidemment, l'autre ça va, c'est Yves Rocher, c'est pas grave.
Florent m'a dit qu'il était mort Yves Rocher, je sais pas d'où il tient ça...
Ah bon ? On l'a pas su, c'est curieux.
Enfin bon, si ça continue à se vendre, tant mieux pour lui...
Ah me laisser toute seule tout un week-end...
Qu'est-ce qu'il a besoin d'aller écouter Barbra Streisand avec son grand dadais là.
Oui oh je sais jamais comment il s'appelle lui, Jean-Pierre, Jean-Marie...
Moi je l'appelle Jean-Dadais.

Vous le connaissez bien vous Virginie ? Ah oui ?
Et vous le trouvez intéressant ? Ah bon.

En tout cas depuis qu'il est avec lui là, je le sens distant mon fils.
Avant, il se débrouillait toujours pour passer tous les midis.
Au moins se faire un café, avec ma Senseo.
Maintenant, il ne vient plus que le matin m'ouvrir mon courrier et le soir me porter une bricole à dîner.
Et ça pour une maman…

Et puis alors l'autre là, il est grand, il est grand, 1 mètre 92, c'est trop grand ! Vous pouvez pas lui dire vous Virginie que c'est trop grand ? Il vous écoute, vous…

Voyez-vous Virginie, je le voyais plus volontiers avec quelqu'un comme vous.
Ah oui ça j'aurais bien aimé qu'avec Florent, vous me fassiez un petit, m'enfin bon…
C'est sympathique aussi. Ah oui ! C'est différent.
Enfin pour une maman, c'est pas facile.

Et vous, vous êtes toujours avec votre ami ?
C'est bien, Florent m'a dit qu'il était bien. Tant mieux.
Et vous voulez des enfants ?
… S'il en a déjà un, ça va.
Oh restez tranquille Virginie, c'est mignon quand c'est petit, après ça prend des proportions…
Moi, j'aurais très bien pu refaire ma vie vous savez, j'en avais même un qui me tournait autour avec une grosse grosse situation dans l'industrie pharmaceutique, mais bon…

J'ai préféré me consacrer entièrement à mon rôle de maman. Eh oui... Oui, oui...

Dites-moi ma petite Virginie, ce serait pas un peu dans l'air qu'ils prennent quelque chose là tous les deux?
Oui, qu'ils s'installent avec son Jean-Dadais là...
Eh bien voilà, eh ben je m'en doutais.
Oui je suis pas folle, j'ai bien entendu l'autre jour qu'il avait un genre de dame d'agence au téléphone, il a raccroché très vite.
Il aurait très bien pu continuer devant moi, à quarante-cinq ans, je vais pas le gronder...

Mais quand même, à quoi ça sert au fond?
Surtout qu'ils n'ont pas de vie...
Ils peuvent pas rester tranquilles, qu'est-ce qu'ils ont besoin d'aller s'acoquiner?

Surtout qu'il a tout ce qu'il faut chez lui, son plasma, ses DVD, sa Nespresso, enfin sa Nespresso...
Oh là là, il vous a pas raconté l'histoire Virginie?...
Ça évidemment ça, il s'en est pas vanté.
Au mois de juin, pour son anniversaire, il est Cancer hein vous le savez forcément...
Je voulais lui faire plaisir, j'appelle l'autre là, le Jean-Dadais, qui me dit que Florent veut remplacer sa Nespresso, que la sienne vient de le lâcher.
Je me traîne jusqu'au Darty, avec mon coxy, je lui prends une Senseo, c'est pareil...

Je la fais mettre dans un beau paquet, je la lui offre...

Eh ben vous n'allez pas me croire Virginie, mais il m'en a presque voulu.
Alors que franchement, c'est pareil.

Et l'autre là, le lendemain, il est allé lui changer sa machine au capricieux.
Résultat des courses c'est moi qui ai hérité de la Senseo.
Oui celle-là, la bleue là, elle est très bien, c'est pareil.
Bon, c'est vrai que c'est moins bon mais bon...

Vous savez, Florent, il a beaucoup changé ces temps-ci, il est devenu très dur avec moi.
Mardi dernier, il m'a rapporté des clémentines bourrées de pépins.
Qu'est-ce que vous en pensez ?

Oh, en février, ils ont tenu absolument à m'emmener en thalasso, tous les deux.
Tout était moche, la boue, la mer, le temps, tout était gris, et ça pour une maman franchement...
Et l'autre là, avec son peignoir qui bâille, il me dégoûte, ce grand dadais avec ses poils frisés, ça fait des petits bigorneaux, je trouve ça très vilain.
Oh mon Dieu, que c'est vilain !
Vous pouvez pas lui dire vous que c'est vilain ? Il vous écoute, vous.

Vous savez Virginie, je voulais vous demander, je ne vous ai pas fait venir pour ça hein, c'était ma lettre qui m'inquiétait, la bleue bien sûr, l'autre c'est Yves Rocher c'est rien.
Est-ce que, par hasard, au détour d'une phrase, il n'aurait pas évoqué l'éventualité d'adopter un petit avec son géant?

Oh tant mieux, oh je suis soulagée, je respire!
Un enfant, il a quand même besoin d'une maman, mais oui...
Qu'est-ce que vous en pensez?
Je suis pas contre l'idée hein, Jacques Chirac l'a fait, mais il y avait une maman dans les parages.
Surtout si c'est une petite fille...
Comment ils peuvent lui expliquer ce que c'est qu'être une femme et ce qui s'ensuit.
C'est pas avec une Nespresso qu'on élève une fillette.
Une petite Chinoise, venir de si loin pour voir l'autre avec ses grandes pattes poilues...
Pauvre petite pitchounette!
Ils peuvent pas la laisser tranquille.
Oh j'aimerais encore mieux manger de la farine de gland à même le sol toute ma vie...

Oh je vous ai pas dit ça, faudrait que je vous voie plus souvent, voyez comme on s'éloigne l'un de l'autre avec Florent, je n'ai même pas eu envie de lui en parler.

Jeudi matin, après mon café, enfin après mon... Senseo, je suis allée à la toilette, c'était noir comme du charbon.

Voyez comme je me sens libre avec vous Virginie, je suis naturelle.
Quand je pense que je ne peux même plus partager ça avec mon grand fils, je me dis que j'aurais peut-être mieux fait de suivre mon pharmacien, mais j'ai tenu bon,
j'ai pas lâché, pour lui, pour son bien, eh bien je le regrette pas.
On a tous besoin d'une maman!

La honte III

J'ai voulu envoyer un document à ma mère en pièce jointe, je viens de m'apercevoir que je lui ai envoyé six ans de journal intime, très intime.

Porcherie !

Porcherie, porcherie là-dedans, porcherie 5 étoiles !
Papa rentre de mission demain, merde, dégueulasse !
Boîtes de foie de morue sur les tables de nuit, chaussettes de tennis dégueulasses,
les ben, les falzars en bouchon, merde !

J'pars une semaine au Catelier voir bonne-maman qui s'est pété le col du fémur, je reviens, cauchemar.
Choco BN écrasés, les K-Way en boule. Dégueulasse !
Y en a partout !
Ah c'est folklo hein !
Non mais attendez là, au moins fermez les pieux !

Louis-Marie, les Bulgomme, c'est fait pour mettre sous les nappes et pas sur les draps, fait quand même pas froid à ce point-là merde !

Constance, Bérénice, les pompes là, les tatanes, dégueulasses, cracra, craspec, vraiment crades.
Porcherie là-dedans ! Porcherie 5 étoiles !

J'veux pas l'savoir Enguerrand, on a fait un calendrier, le jeudi c'est ton tour de passer l'aspiro.
Oui parfaitement, demande à Albéric.
Oui puisque c'est son tour d'aller chez ED avec la brouette de bon-papa pour ramener les yaourts.

Oh là là ça chlingue là-dedans, c'est une infection, pourriez quand même aérer un peu, merde.
Babybel à moitié bouffé...
Ça engraisser les commerçants ça vous plaît hein...
Oh ça va Quitterie, j'ai laissé dix euros par tête de pipe pour la semaine, largement suffisant.
Moi quand j'étais guidouille, avec un bon paquet de nouilles, même à huit, on tenait huit jours.

Ah là là ! privilèges, écœurant.
Ah ça se priver ça ici, connaît pas.
Gâtés pourris, va ! Pfff...

Au Catelier, avec Marie-Francine et Marie-Joëlle, on avait une orange à Noël.
Et papa, à Saint-Brieuc, cinq artichauts pour dix. Et on était ravis !

Ça traîner au pieu, ça va, on connaît... Rien foutu de la semaine.
Pendant c'temps-là chez Arnaud et Béné, Anne-Sixtine, elle est debout tous les matins à 5 heures.

Elle asperge les salades chez G20 avant d'aller au lycée, voilà ! Oui !
Et le ptit Côme, onze ans et demi, il s'est démerdé tout seul pour se trouver un p'tit job de ramasseur de balles...

Faut s'bouger un peu, merde !
Nous l'été, on bossait tous les neuf, sans exception.

Marie-Agnès, qui est pourtant pas une lumière, à quinze ans, elle ramenait l'âne du Catelier, qu'elle faisait dormir dans le local à vélo, rue de Varenne.
Un panier de chaque côté, un morceau de toile de Mayenne au fond, et allez hop, tous les samedis matin elle partait avec son âne devant le Printemps, vendre des bonbons des Vosges pour s'offrir son stage de voile.

Un peu d'imagination merde !

Au Catelier, avec un seul 45 tours, on faisait des surpat' du tonnerre, on dansait tout l'après-midi.
On adaptait les chansons des Beatles en français, j'peux vous dire qu'on s'amusait bien.
Ça coûtait rien du tout et c'était très marrant.

Oui oui oui parfaitement !
Sur l'air de « Yellow Submarine »
« Anne-Françoise et Albane au Catelier
Ont bien trop mangé, de eu confiture »

Voilà, nous on tenait une semaine avec ça… On s'marrait comme des bossus !

La passivité ambiante, j'peux pas, aucune créativité, soyez un peu inventifs, merde !

Antoine de Saint-Exupéry, à huit ans, il écrivait des p'tites pièces de théâtre, il faisait des dessins, des poèmes, des charades, il dirigeait le p'tit journal de son école et il savait déjà piloter un avion.
Ça c'est sûr, c'est pas en bouffant du Galak devant YouTube qu'on va vous retrouver sur un billet de cinquante balles…

Très grand copain de la famille Saint-Ex !
Il était en pension à Sainte-Croix avec mon oncle Hubert, j'peux vous dire que son lit était fait au cordeau tous les matins,
alors qu'il avait plus son papa depuis l'âge de quatre ans.
Et plus tard, alors qu'il était sous les bombes, en plein désert, qu'il avait perdu son frère François, sa sœur Marie-Madeleine, qu'il avait pas bu un verre de flotte depuis quinze jours, et qu'il lui restait deux pauvres crayons de couleur, il a quand même trouvé le moyen d'pondre *Le Petit Prince*, voilà !

Alors, à partir d'aujourd'hui, j'veux plus voir
une seule chaussette dégueulasse,
une seule canette de boisson gazeuse,
et un seul feutre sans bouchon dans cette baraque.
Merde ! Porcherie !

Zaïa

Elle est couchée sur le ventre face public.

Tu vois c'est bizarre hein, depuis que j'suis mariée avec lui, j'peux plus l'encadrer !

Non mais là ça va, vous êtes là en uik end, on fait des activités tout va bien,
mais demain, vous allez rentrer sur Paris et la vie à deux reprend son cours.

Ui ui ui, il est beau j'suis d'accord, c'est pas la question.
Mais tu vois franchement Laurent, ui ton Laurent, bon j'te l'ai pas dit parce que ça sert à rien et que c'est pas mes oignons surtout.
Mais au début, jeu trouvais qu'il avait une gueule de con.
Après, bien sûr, quand tu l'connais, tu t'aperçois que non, qu'en fait il est super.
Eh ben tu vois, Alexis, c'est exactement le contraire.

Au début, lui, il fait bonne impression mais va dîner toute seule dans une pizzeria avec lui, tu vas comprendre ta douleur hein.
Ah ui, tu laisses tomber le tiramisu !

Ça y est, ils l'ont leur scooter des mers.
Regarde Nadia, ils nous font signe.
(Au loin) Ui ui ui, on vous a vus !
C'est parti pour une heure !

Ben tu vois maintenant, même de loin, j'trouve qu'il a une gueule de con !

Pourtant c'était pas un mariage forcé ni quoi.
Hein, franchement tu t'souviens l'année dernière, c'était super gai, ah ui on a bien rigolé.
On a bien chanté, on a dansé non-stop, on a super bien bouffé…
Quand j'y pense, c'est pas des conneries, c'était le plus beau jour de ma vie.
Ui, ben… Le grand désenchantement.

J'aurais mieux fait d'observer le célibat.

Regarde, c'est significatif, j'ai quand même perdu deux alliances en six mois…

Ohhhh l'autre jour, j't'ai pas raconté, oh la rigolade ooh la honte, un dimanche là,

y a deux mois, on est invités à déjeuner chez des copains d'Alex, à perpète...
Il préfère que j'conduise, j'conduis, très bien, j'aime bien...
On est sur l'autoroute. On s'arrête faire de l'essence, enfin prendreu de l'essence c'est mieux.
Même lui, il aime pas quand j'dis faire de l'essence, d'ailleurs il a raison.
Donc j'fais d'l'essence, enfin j'achèteu de l'essence, pendant que lui bon il boit une boisson.
Bon, on repart.
Au bout deu soixante-dix kilomètres, j'm'aperçois que j'l'ai oublié... ui ui ui... dans la station-service.
Le jour de son anniversaire !

Oh la rigolade, tu m'étonnes, le pauvre, deux heures tout seul dans la station !
Ça il a eu l'temps d'en bouffer du sanduich triangulaire.
... Ben non, même pas, il a pas gueulé.
A la limite aussi bien, vois-tu, ça aurait été salutaire...

Ben ui parce que quand tu vois Christelle là, ui tu vois la grande Christelle là, ui bon, elle se frite tout l'temps avec Seb, ui son copain, son mari, enfin c'est pareil,
c'est pas pareil mais bon...
Non mais c'est vrai, les deux là, ils passent leur temps à seu chicorer, hein ça y va... Quand tu les vois ça n'arrête pas...
Alors elle, elle me fait, « Euh Zaïa, euh j'en ai marre il meu fait chier ». J'lui fais ui ui ui, il teu fait chier mais, au moins, tu teu fais pas chier.

Ça n'a rien à voir, du tout.

Oh bè non attends, me dire que tous les matins j'vais l'voir verser son lait sur son Nesquik jusqu'à la fin d'mes jours...
C'est pas du tout comme ça qu'j'envisage la vie moi.
Déjà quand j'vois les lettres là, ui le courrier, même les prospectus hein avec tu sais, écrit dessus, Monsieur et Madame Beccaria, j'ai de l'animosité...
Quand tu penses qu'avant, j'passais toutes mes soirées à essayer mes nouvelles signatures avec mon nouveau nom, j'trouvais ça classe ! J'suis con.
Non mais j'te jure, des fois j'me d'mande si j'suis normale.
A qui veux-tu qu'je raconte une chose pareille ?
Non mais c'est vrai parce que objectivement... quand tu vois des bonnes femmes qui s'prennent des roustes pour rien ou d'autres qui sont cocues, ou que physiquement c'est mort, bon ben là tu comprends qu'il y ait séparation des corps. Mais là...

Pourtant tu m'connais hein j'suis une bonne nature, ah ui moi j'suis toujours de bonne humeur.
Même la journée hein, je m'amuse bien.
Le soir, je rentre, je mets la clef dans la porte, je meu fais déjà chier. Rien qu'en voyant la clef.
J'te jure c'est grave. Hi hi hi !
Non mais j'rigole mais c'est grave !

Enfin, là ça va c'est bon, j'ai verbalisé, mais au début, j'comprenais pas du tout c'qui m'arrivait.

Attends, je gonflais à vue d'œil, tu m'étonnes, tu m'as pas vue, j'ai pris dix kilos en trois mois. Comme ça hein, sans nourriture supplémentaire ni barre chocolatée d'aucune sorte ni quoi.
Non mais c'est vrai, tu me connais, j'suis pas du style à aller au Quick me fusiller à la sauce barbecue.

Ben j'ai été voir un psy, bè ui justement, pour verbaliser.
En deux rendez-vous, c'était plié, j'avais compris.
C'était rien du tout, c'était de l'air. C'était lui qui meu gonflait... Alexis !
Le jour même, j'ai commencé à fondre, j'ai tout r'perdu en trois semaines.
Là ça y est j'remets à nouveau mes maillots de bain, j'rentre dans tous mes futes, tout va bien.
Tu vois si ça se trouve, toutes les grosses bonnes femmes, c'est juste qu'elles se font chier.
Bè ui n'empêche ! Si elles savaient...

... Ben ui ui ui quand même, j'vais l'tenir informé,
il est quand même le premier concerné.
Il est bien évident, que j'vais pas lui faire le coup d'la baguette.
Tu connais pas le coup d'la baguette ?
Ben c'est super connu. Bè ui !!!
Ben, tu dis que tu vas à la boulangerie, ôcheuter une baguette, et tu reviens plus jamais.
De ta vie.
300 cas par an, en France.

Ben oui forcément à l'étranger, ça doit avoir un autre nom.
T'es con, toi le coup du paquet d'couscous, n'importe quik Hi hi hi Hi hi hi !

Ben non, le pauvre, j'vais pas lui faire ce coup-là, il m'a rien fait.
Mais bon, j'peux quand même pas lui dire qu'il a une gueule de con, c'est pas possible.
Pi c'est pas d'sa faute surtout...

La honte IV

Je me suis réjouie du malheur d'une amie, son livre s'est très peu vendu.

La honte V

J'ai proposé à mon prof de yoga d'aller prendre un thé après le cours, il a dit non.

Voisine équitable III

Nous aussi on a des amis... Simplement on les voit le dimanche après-midi, c'est tout.
J'ai jamais vu ça ! Avoir si peu le sens du collectif euh, croyez-moi, c'est très rare.
Si c'était pas si triste, on pourrait en rire ensemble.
Mais là c'est marrant mais j'ai plus du tout envie de rire hein.

Surtout quand, par hasard, dans une de vos poubelles, je vois pour la deuxième fois de la semaine, un os de côte de bœuf grand comme ça.
Alors qu'on vous serine à longueur de journée, que, pour votre santé, il ne faut manger ni sucré, ni salé, ni gras ni chaud, ni froid...
Pourquoi à votre avis ?
Je sais pas, vous vous êtes posé la question ?
Peut-être même pas après tout...
Moi, personnellement, j'm'en fous hein qu'un jour vos artères soient complètement bouchées, ça m'empêchera pas de dormir.

Mais vous savez ce que ça va coûter à la société ?
Je vois parfois passer de ces trucs dans le local à ordures, j'suis hallucinée, je savais même pas que ça existait.

Par contre c'est curieux, ça fait au moins huit mois que j'ai pas vu une seule boîte de médicament générique, alors que c'est pareil, c'est la même molécule, exactement.
Me racontez pas de salades, je sais très bien que parmi vous, y en deux sur trois qui n'ont toujours pas de médecin référent...
Alors que ce truc est mis en place depuis deux ans et demi, que ça fait vingt ans que ça marche génialement dans toutes les démocraties du Nord.

Ah oui un tout petit détail qui vous a peut-être échappé.
Les lingettes, faut les laver avant de les jeter.
A la main et à l'eau froide de préférence.
Les pots de yaourts, ça se rince ! Tout le monde sait que la caséine du lait anéantit totalement toute la chaîne de recyclage.
Ça fait quand même mal au cul de voir un bac entier, foutu en l'air, à cause d'un abruti qui a pas fini son yaourt !
Je vais quand même pas passer ma vie à éventrer vos poubelles à la machette pour redispatcher tous vos déchets !
Merde !
Mais j'ai même pas envie de partager ma colère avec vous, vous la méritez pas. Non avec vous j'ai l'impression qu'il faut prendre des mesures, c'est tout.

Oui, j'en vois une là sur la gauche avec un pull gris anthracite, qui a bien raison d'se faire toute petite. J'vous raconte c'qu'elle a fait puisqu'elle aura jamais l'courage de se dénoncer elle-même.
Ça fait trois mois qu'elle ne consomme que des poireaux et des oranges comme ça hein, sans se poser de question. Je sais, j'ai vu les épluchures.
Pourtant elle a une main, elle a même la chance d'en avoir deux ! Ça sert à quoi la main ? Ben ça sert à compter !
Combien j'ai de doigts ? Je sais pas, je pose la question, combien j'ai de doigts ?
Cinq et pas deux !
CINQ SORTES DE FRUITS ET LÉGUMES PAR PERSONNE ET PAR JOUR ! C'est quand même pas le bout du monde bordel de merde !

Bon, j'vous raconte juste ce qui m'est arrivé mardi dernier et je vous laisse tranquilles.

Mardi après-midi, j'ai trouvé une culotte comme ça *(geste très grande)* en vrac, dans la poubelle bleue, avec les journaux et les prospectus.
J'veux même pas savoir auquel d'entre vous ça appartient.
Même si j'ai ma p'tite idée là-dessus...
Avec la quantité de tissus, on aurait pu faire des torchons pour une famille entière.
Mais c'est même pas l'sujet...

Parce qu'au-delà du problème des encres Quickset Offset des journaux de la poubelle bleue qui auront déteint sur les fibres du coton, ce qui, déjà en soi, est une catastrophe écologique monumentale... J'ai cru voir... un dépôt marron qui, à mon avis, aurait été bien plus à sa place dans la poubelle verte.

Encore une fois, j'veux pas savoir à qui ça appartient hein même si j'ai ma p'tite idée là-dessus.

Alors, j'ai pas l'habitude de balancer. J'trouve ça même navrant d'en arriver là.

Mais bon, il y a toujours un moment dans la vie, où voilà, c'est con mais faut payer l'addition.

Ben oui.

Surtout qu'avec ce que j'ai récupéré, prélevé, et mis sous scellés, je peux vous dire que j'ai largement de quoi faire un test ADN.

Allez, c'est ça, continuez à rigoler... Vous pourrez toujours faire la chenille au commissariat hein...

Le veuf belge

Il a un fort accent belge.

Je n'prendrai pas ces Spéculoos, ça n'saurait passer...
Non, sans façon.
Oui, vois-tu, mon grand, pour une fois, ton père n'a vraiment pas faim.
Je vais te dire une chose mon garçon : je te souhaite de trouver une femme comme ta mère, qui sache te rendre heureux autant que je l'ai été pendant ces trente-quatre années d'un bonheur sans nuages...

La cérémonie funèbre était parfaite je dois dire.
Très beau requiem, pas un mot de trop dans l'homélie du père Lempool.
Elle était si belle !
Je pouvais passer des heures à la regarder brosser sa chevelure.
Elle savait très bien se maquiller.

Nous étions allés à Paris, à l'exposition Orlane de septante-deux, ils lui avaient appris à appliquer toutes les couleurs, d'abord le vert, puis le parme, puis le doré. Oh je suis si triste!

Tu vois, je pense avoir bien fait de la laisser aller avec sa nuisette préférée.
Elle aimait la vie et tous ses plaisirs avec, quelle grosse gourmande!
Elle ne faisait pas de régime, elle n'était pas comme tant d'autre à grappiller des petits morceaux de croquette crevette.

Voilà une femme qui n'a jamais eu mal au crâne. Elle n'avait pas son pareil.

Vois-tu mon grand lapin, depuis que je la connais, je n'ai pas eu à me caresser une seule fois, pas une carte de Wallonie sur les draps de notre couche.
Ah elle savait y faire mon grand, et pas une dispute, pas de récrimination.
J'ai d'ailleurs toujours été très envié par mes camarades.

Son premier mari était fort désagréable.
Il n'a pas su être à sa hauteur. D'ailleurs à la mise en bière, je n'avais qu'une seule envie, c'était de lui mettre mon poing sur la figure.
« Tu n'as pas su traiter cette femme correctement, tu ne viens pas te montrer à Uccle! »

Il n'a pas su la gâter comme elle le méritait.

J'aimais tant la couvrir de cadeaux, elle pouvait s'offrir toutes les soieries de l'avenue Louise.
Tu vois ta mère n'a jamais porté de culotte, c'est l'une des premières à avoir adopté le Coslip… le Coslip mon grand, c'était un collant qui faisait les deux choses en même temps.
A travers le polyamide, je pouvais apercevoir sa petite touffe écrasée, quelle grande tristesse !

Je n'saurais vivre sans elle maintenant, il me tarde de la rejoindre.
Oh, je la reconnaîtrai entre toutes, elle ne doit pas être très loin de Dieu.
Quelle générosité !
Elle ne m'a jamais rien refusé de son vivant hein, tu sais ta mère ne s'est jamais fait prier, pas besoin de lui maintenir la tête pour aller à la sucette.
Et je peux te dire qu'elle ne s'arrêtait pas en cours de route, c'était une travailleuse.

Ah on pouvait compter sur elle !
Lors de la marche blanche de nonante-six, elle avait pris en main le standard, elle n'a jamais compté ses heures, au point même de renoncer à nos week-ends à Knokke.

Je l'aimais si fort et tout le monde avec.

Tu sais, elle a eu droit à une très belle couronne de notre club de Scrabble.

Ça, elle savait rire hein, je l'entends encore…
Ça l'amusait beaucoup, et moi aussi je dois dire, quand elle avait envie de faire son petit pipi, de m'arroser. Rassure-toi mon grand lapin nous étions dans la baignoire.
Par contre, si elle avait son petit colombin qui pointait le bout d'son nez, pas question d'en faire profiter quiconque, il fallait qu'elle aille à la toilette immédiatement.

Ne prends pas cet air contrit mon grand, ne te formalise pas, il faut dire les choses !

Il va me falloir entamer un gros travail de deuil.
Oh, ça ne va pas la faire revenir pour autant, jamais je ne retrouverai sa belle présence.
Sa peau était de plus en plus douce, si fraîche, si savoureuse…
Ah on voit bien que tu n'as jamais mangé la chatte à maman.
Ne fais pas cette tête-là mon grand lapin, je m'emporte mais j'ai le cœur brisé, quel grand amour !

Elle a lâché le navire, elle n'a pas su tenir, elle était si malade.
Tu ne l'avais pas vue depuis un long moment, mais tu n'aurais pas reconnu ta grosse maman, elle avait fondu comme neige au soleil.
Ils n'ont pas su la garder.

Je m'en veux, je n'aurai de cesse de me dire que je n'ai pas fait le nécessaire, qu'un grand professeur franco-américain aurait pu la sauver.

Tu sais, tu lui manquais beaucoup hein.
Elle ne te l'a peut-être pas assez dit, mais depuis que la C deux E t'avait envoyé travailler à Barcelone, elle avait beaucoup de peine de ne pas te savoir près de nous.

Souviens-toi qu'elle a failli mourir pour t'enfanter.
Nous pouvons tous remercier la pénicilline.
D'ailleurs, ton passage l'a laissée très dilatée pendant deux trois années qui m'ont été fort pénibles, je dois dire.

Aussi c'est pourquoi, si tu te maries, permets-moi de te demander d'installer ton épouse ici, dans la grande chambre du bas.
Et si tu acceptes que je pouisse, une fois de temps en temps, te regarder la travailler, ça raviverait de grands et beaux souvenirs en moi.
C'est ainsi que Marie-Ange, retrouvera la place qu'elle mérite en chacun de nous...

La honte VI

J'ai revendu les DVD des César, un par un sur eBay, sous le nom de Pierre Arditi.

Stencyl

Elle est très souriante, parle du nez, et s'adresse au public.

A la maison, on fait quoi quand la poubelle est pleine ?
C'est bien Maguelone, on la vide !
Eh bien là c'est pareil, c'est la même chose, l'organisme a ni plus ni moins besoin d'éliminer, d'expulser ses toxines, de faire le grand ménage, le grand nettoyage de printemps.

La grande spécificité de la méthode Alain Gerbois, ce qui fait qu'elle est unique au monde c'est qu'en vous détoxifiant, elle va vous débarrasser de toutes vos addictions, tout en couvrant, bien évidemment, vos besoins journaliers en poissons des mers froides.

Ah c'est bien, c'est bien, c'est très bien Jean-Noël, moi je suis contente, vas-y, continue à pleurer...
C'est bien, c'est normal, ça prouve que tu es, ni plus ni moins, en train de te détoxifier, je dirais même de te détoxiner.

Alors, des petites manifestations comme celle de Jean-Noël, on va tous en avoir pendant la première semaine, c'est normal hein, ce sont tout simplement vos toxines qui s'évacuent d'elles-mêmes, par les voies naturelles.
Croyez-moi, vous allez être agréablement surpris de voir tout ce que vous êtes capables d'expulser, de sortir de vous-mêmes.
Un cérumen un peu plus généreux, des traces, parfois du premier lait maternel... Oui oui Sabine, le fameux colostrum, une transpiration surprenante au niveau de la voûte plantaire, c'est connu, hein, la formule n'est pas de moi, elle est d'Alain Gerbois.
« Vos pieds sont votre deuxième rein. »
On a même déjà vu apparaître, au niveau du nombril, une petite mousse, un petit lichen, entre l'algue et le champignon.
C'est rien du tout, c'est normal, ça prouve que vous êtes, ni plus ni moins, en train de vous détoxifier, je dirais même de vous détoxiner.

Et, vous verrez, c'est miraculeux, votre corps, une fois détoxiné, va se tourner tout naturellement, presque à votre insu, vers des choses bénéfiques pour lui...

Marie-Pierre, où es-tu Marie-Pierre ? Oui, tu nous as fait la grande amitié de nous confier qu'hier encore, tu t'es terminée au Grand Marnier en rentrant d'un dîner déjà bien bien arrosé.

Eh bien, désormais, grâce à la méthode Alain Gerbois, tu vas voir ton organisme se diriger de lui-même vers le réfrigérateur, et, à ton grand étonnement, repartir avec un grand verre de lait d'amande allongé d'un blanc d'œuf.

Mais, croyez bien, je ne suis pas là pour vous juger, je suis moi-même une ex-addict, oui, uneu work addict, ou work alcoholic comme on dit.
Eh oui, j'étais ce qu'on appelle une executive woman, toujours entre deux avions, toujours flanquée de mon attaché-case et de mes nombreuses calculettes.
Si je n'avais pas eu la chance de croiser sur mon chemin de vie Alain Gerbois, eh bien je, je n'sais pas où j'en serais aujourd'hui.

C'était sur un vol Genève-Los Angeles, je m'apprêtais à porter à mes lèvres mon 32e café de la journée, quand une main a stoppé net mon geste, c'était celle d'Alain Gerbois, lui-même, qui m'a dit : « C'est quoi votre vie Stencyl ? »

Il faut dire qu'à l'époque, c'était Stencyl par-ci, Stencyl par-là... Ah oui, ça, croyez-moi, dans le grand Genève des années 80, c'était, c'était quelque chose...

Et, aujourd'hui, même si je n'ai plus mon penthouse avec vue sur le lac Léman, je suis largement récompensée, quand je vous vois courir vers moi et me dire :

« Ça y est Stencyl, je crois que je suis ni plus ni moins détoxiné ! »

Vous savez, voir un individu reprendre progressivement forme humaine, c'est très émouvant.
J'ai le souvenir de ce jeune homme qui naviguait dans les milieux de la haute finance, il était vraiment au bout du rouleau, très très intoxifié.
Du reste il me le disait lui-même hein, « Stencyl, je suis dans la schnouf jusqu'au cou ».
Eh bien, en six boîtes seulement, on lui a sorti la tête du sac.
On l'a vu, jour après jour, reprendre des couleurs, retrouver le plaisir de croquer dans une pomme, il s'est même marié et a eu deux adorables petites rouquines,
malheureusement, il est décédé peu de temps après, de façon inopinée, dans une réserve au Canada, une mauvaise rencontre avec un ours.

Ah oui parce qu'attention, une addiction peut parfois en cacher une autre...
J'en vois certains, une fois détoxinés, se jeter à corps perdu dans le sport, cyclorameur, body-building etc...
Eh bien vous êtes ni plus ni moins en train de vous réempoisonner, de refabriquer vous-mêmes vos propres toxines.
C'est dommage...

J'ai eu le cas récemment d'une personnalité très haut placée au sein de l'Etat,

... Non non Damien, n'insiste pas, tu ne m'arracheras aucune confidence, je suis une tombe.
Eh bien cet homme, je l'ai mis en garde...
Courir comme ça, en plein cagnard, en plein mois de juillet, comme un forcené... Il m'a dit : « Je sais bien Stencyl mais c'est plus fort que moi, je ne peux pas m'en empêcher. »
Ni une ni deux, j'ai débarqué au cap Nègre avec mes p'tites boîtes rouges et tout est rentré dans l'ordre.
C'est amusant d'ailleurs, j'avais déjà eu le plaisir de l'avoir en consultation quelques années auparavant pour une autre addiction un petit peu plus... intime, que d'ailleurs tu connais bien Martial, range-moi ça tout de suite, eh bien grâce à Alain Gerbois, enfin à sa méthode, on l'avait déjà bien bien calmé.

Alors un petit conseil, quand vous amorcerez véritablement votre détox, surtout n'en parlez pas autour de vous.
Je ne sais pas si vous avez remarqué mais, de manière générale, l'entourage proche aime bien vous maintenir la tête dans la bassine.
C'est un grand classique, hein, les amis, la famille vous préfèrent quand vous êtes down.
« Oooh la pauvre Marie-Pierre, elle est mignonne, au chômage, toute seule dans son lit, pleine de Grand Marnier. » Eh bien non non non non non, vous n'allez pas leur donner raison à tous ces pisse-vinaigre !
Vous savez, avec Alain Gerbois, on avait tout le corps médical à nos trousses, j'ai d'ailleurs toujours tous les plus grands laboratoires à dos.

Mais je ne suis pas seule, Marie Curie, Nostradamus, les jumeaux Bogdanov... C'est le lot de tous les grands précurseurs.
Je ne suis pas là pour parler de moi mais je peux vous dire que le jour où j'ai décidé de mettre un terme à ma carrière pour me consacrer exclusivement à la méthode Alain Gerbois, mon mari de l'époque ne l'a pas entendu de cette oreille.
Vous savez, une paire de Berluti toute neuve qui vous arrive par surprise à plus de 90 kilomètres/heure, c'est, c'est très impressionnant hein!
Surtout avec les embauchoirs...
Et même si j'ai perdu la quasi-totalité de mes cloisons nasales, je suis tellement heureuse d'avoir pu contribuer, à mon petit niveau, à la renommée mondiale d'Alain Gerbois.
C'était une publicité vivante pour sa méthode. A soixante-quatre ans, il en paraissait à peine quarante-six, une peau lumineuse, une longue barbe blanche tressée de cuir. Malheureusement, il est décédé de façon tout à fait inopportune, lors d'un colloque à Lausanne, un Apéricube de contrebande, en deux heures, c'était, c'était terminé... Enfin, on ne m'ôtera pas de l'idée que, dans le petit landerneau de la médecine parallèle, on ne lui voulait pas que du bien...
Mais je ne veux pas me laisser gagner par l'amertume. Oh là là, non non, ce serait leur faire bien trop d'honneur. Il nous a laissés riches de tant de choses...
Sa méthode bien sûr, mais aussi une chanson, une très belle chanson, que vous connaissez sans doute tous ici,

mais sans savoir qu'elle a été écrite, à l'origine, pour Alain...

Cette chanson, on la doit à l'un de nos plus grands artistes, citoyen helvétique de fraîche date, qui voulait remercier Alain de l'avoir, à plusieurs reprises, complètement vidé de ses toxines.
Et, où qu'il soit, chaque année, à la date anniversaire de la disparition d'Alain, il m'envoie un p'tit SMS adorable avec l'humour qu'on lui connaît :
« Ah que Stencyl, ne sois pas triste » c'est, c'est mignon !
Alors ce soir, je voulais ni plus ni moins vous dire qu'

(Elle chante sur l'air de « Quelque chose de Tennessee »)

On a tous quelque chose en nous d'Alain Gerbois.
Une petite voix qui nous parle tout bas.
Qui nous suggère de nous débarrasser
De tout ou ou ce que l'on a stocké.

Alain Alain, là-haut si tu nous vois.
Ta p'tite Stencyl continue ton combat.
Regarde, ils sont venus, ils sont tous là.
Ce qu'ils entendent ce sont tes mots à toi.

Quelque chose d'Alain Gerbois.
Qui donne envie de nous détoxifier.
Je dirais même de nous... détoxiner, c'est bien Nicolette !
Quelque chose en nous d'Alain...

Le cours de danse

Elle a une baguette à la main.

Respirez, tournez, première position.
Henri-Louis la musique !

Et et viam, très très viam, on ouvre au massimum, le sacrum viam parallèle,
et pirouette, saut de chat, très très viam.
Les jambes longues comme des langoustes,
très viam Karine, port de tête et fouetté.
Karine très viam, toi pas viam.
Partez, revenez.
Et et 1 et et 2 et 14 et 38 et 40 et 3000 et et viam, viam, viam, très très viam.

Toi tu restes, toi tu sors !
Karine très viam, magnifique.
Pas pleurer, prends sur toi.

Transpirer, toi arrête transpire.
La douleur intérieure.
Le sourire moins crispé.
Merveilleux Karine, ravissant.
En dehors paresseuses,
Viam très viam Karine !
Diurétiques pour tout le monde !
Quatrième les feignasses.
Trop de graisse, pas de grâce, ridicule.

Sur vos pointes bordel, mal tiré le chignon.
Toi gros cul, trop de beurre.
Karine sublime, gracieuse, très gracieuse.
Les autres vilaines, prétentieuses, triples merdes.
Les pissouilles en Ukraine.

Gros troupeau de bourriques !

Table

Spectacle n°1 / Valérie Lemercier au Splendid

Spectacle n°2 / Valérie Lemercier au Théâtre de Paris

Spectacle n° 3 / Valérie Lemercier aux Folies Bergère

Spectacle n° 4 / Valérie Lemercier au Palace

Cet ouvrage a été imprimé par
CPI BUSSIÈRE
pour le compte des Éditions Grasset
en septembre 2015

Ce volume a été composé
par INOVCOM

Dépôt légal : octobre 2015
N° d'édition : 19035 – N° d'impression : 2017734
Imprimé en France